Bitcoin Erfolg

Ein Guide für Krypto-Fans

Erik Hermansson

Rechtliche Hinweise

Dieses Buch dient nur zu Unterhaltungs-, Informations- und Bildungszwecken. Es erfolgt keine spezifische Anlage- oder Handelsempfehlungen. Jegliche Haftung des Autors oder des Verlags gleich welcher Art bzw. aus welchem Rechtsgrund, die durch die Verwendung dieses Buches entstehen, wird ausdrücklich ausgeschlossen.

Die im Buch dargestellten Inhalte, Meinungen und Analysen spiegeln nicht zwangsläufig die Sichtweise des Autors wider, sondern dienen dazu, unterschiedliche Perspektiven darzustellen. Sie sollen dem Leser als Diskussionsgrundlage dienen.

Urheberrecht

Verzichtserklärung

Es werden auch keine Handelsentscheidungen oder Empfehlungen getroffen. Jegliche Haftung des Autors oder Herausgebers, die sich aus der Verwendung der in diesem Buch enthaltenen Informationen ergibt, ist vollständig ausgeschlossen.

Bitte verwenden Sie die Informationen aus diesem Buch nicht als Entscheidungsgrundlage für bestimmte Investitionen oder Trades. Lassen Sie sich im Zweifelsfall professionell beraten, bevor Sie auf den hochspekulativen Kryptowährungsmärkten aktiv werden.

Hinweis zur Verwendung der Sprache in diesem Buch:

Liebe Leserinnen und Leser,

bevor Sie sich in die spannenden Seiten dieses Buches vertiefen, möchten wir einen kurzen Hinweis zur Sprachverwendung geben. In "Bitcoin-Blitz: Der Weg zum Krypto-Millionär" haben wir uns entschieden, auf die explizite Verwendung von genderneutraler Sprache zu verzichten. Diese Entscheidung basiert auf dem Wunsch, einen flüssigen und leicht zugänglichen Lesefluss zu gewährleisten, der es Ihnen ermöglicht, sich vollkommen auf die Inhalte und Strategien zu konzentrieren, die wir mit Ihnen teilen möchten.
BITCOIN ERFOLG Ein Guide für Krypto-Fans

Wir verstehen und respektieren die Bedeutung und den Wert der genderneutralen Sprache und der damit verbundenen Bemühungen um Inklusion und Gleichberechtigung. Unser Ziel ist es jedoch, die Komplexität und Tiefe des Themas Bitcoin und Kryptowährungen auf eine Weise zu präsentieren, die für alle Leserinnen und Leser unabhängig von ihrem Hintergrund leicht verständlich und ansprechend ist.

Wir hoffen, dass Sie diese Entscheidung im Geiste der Klarheit und Lesbarkeit verstehen und schätzen und dass Sie die Informationen und Erkenntnisse, die dieses Buch bietet, voll ausschöpfen können.

Vielen Dank für Ihr Verständnis und Ihre Unterstützung. Wir wünschen Ihnen eine aufschlussreiche und bereichernde Leseerfahrung.

Hinweis zur Schriftart im Buch:

Dieses Buch wurde in der Schriftart "Lusitana" gesetzt. Lusitana, geschaffen von **Ana Paula Megda**, ist eine elegante und leserfreundliche Schriftart, die für ihre klaren Linien und ihre gute Lesbarkeit bekannt ist. Sie wurde sorgfältig ausgewählt, um Ihnen ein angenehmes Leseerlebnis zu bieten.

BITCOIN ERFOLG Ein Guide für Krypto-Fans

Die Verwendung der Schriftart Lusitana in diesem Buch erfolgt unter Einhaltung der entsprechenden Lizenzbedingungen und Urheberrechte. Lusitana ist eine freie Schriftart, die unter der SIL Open Font License, Version 1.1, veröffentlicht wurde. Diese Lizenz erlaubt die freie Nutzung, Veränderung und Weitergabe der Schriftart unter bestimmten Bedingungen, die von den Urhebern festgelegt wurden.

Wir danken Ana Paula Megda für ihre hervorragende Arbeit an der Lusitana-Schriftart und dafür, dass sie diese der Öffentlichkeit unter einer offenen Lizenz zur Verfügung stellt. Ihr Beitrag zur Typografie und zum Design wird in diesem Buch gewürdigt und geschätzt.

Wir hoffen, dass die Wahl dieser Schriftart zu Ihrem Lesevergnügen beiträgt.

Inhaltsverzeichnis 8

BITCOIN ERFOLG Ein Guide für Krypto-Fans

BITCOIN ERFOLG Ein Guide für Krypto-Fans

BITCOIN ERFOLG Ein Guide für Krypto-Fans

BITCOIN ERFOLG Ein Guide für Krypto-Fans

BITCOIN ERFOLG Ein Guide für Krypto-Fans

Vorwort

Der Autor Erik Hermansson, ein leidenschaftlicher Freiheitsdenker mit Faible für innovative, zeitgemäße Themen, hat uns, nach langer, teils brisanter Recherche im Umfeld schillernder Persönlichkeiten aus der Krypto Szene, diesen hochinteressanten Report vorgelegt.

Zum Einstieg erzähle ich, um einen persönlichen Einblick in die Welt des Bitcoins zu gewähren, die Geschichte eines österreichischen Bekannten, den ich im Zuge von Recherchen kennenlernen durfte. Er erzählte mir seine Geschichte:

Mann, was habe ich in all den Jahren im Bitcoin-Bereich erlebt! Ich erinnere mich noch an den Tag, an dem ich meinen ersten Bitcoin gekauft habe. Das war 2017, als der Hype gerade explodierte. Ich hatte von einem Nerd-Freund von dieser mysteriösen Internetwährung gehört und war sofort von der Idee Feuer und Flamme. Voller Euphorie setzte ich mich also an meinen Laptop und eröffnete ein Konto bei einer Krypto-Börse. Mit zitternden Händen überwies ich dort ungefähr 1000 Euro von meinem Sparkonto. Sobald das Geld ankam, kaufte ich meinen ersten Teil eines Bitcoins! Die Aufregung war schwer zu beschreiben.

Anfang 2017 kostete 1 Bitcoin etwa 950 Euro. Schon in den nächsten Tagen war mein Investment um 600 Euro gestiegen! Ich konnte es nicht glauben und überwies sofort noch mehr Geld auf die Plattform. Innerhalb weniger Wochen hatte sich mein Einsatz verdreifacht!

Jeden Morgen sprang ich voller Vorfreude aus dem Bett und checkte sofort den Bitcoin Kurs. Ich kann mich noch gut an das Hochgefühl erinnern, als ich sah, dass mein Vermögen gerade über Nacht um 5000 Euro gestiegen war. Bis Dezember 2017 stieg der Wert kurzfristig sogar auf knapp über 16.000 Euro. Das war Adrenalin pur!

Meine Kollegen und Freunde verstanden nicht, was mit mir los war. "Kaufen Sie immer noch mit Euro ein?" Ich lachte sie aus. "Bitcoin ist die Zukunft!" Sie schüttelten nur verwirrt den Kopf über den plötzlichen Wahnsinn. Aber innerlich wusste ich: Ich war der König und surfte auf der Megawelle in eine neue Dimension.

BITCOIN ERFOLG Ein Guide für Krypto-Fans

In meinem Überschwang habe ich sogar meinen sicheren Job in der Investmentbranche gekündigt. Wer braucht schon eine Rente, wenn er mit Bitcoin reich wird? Ich widmete mich ganz dem Handel und lernte alle Details über Blockchains, Mining und die technischen Feinheiten.

Mein Wissen war noch oberflächlich, aber die Euphorie hat mich mitgerissen. Jeden Tag saß ich hypnotisiert vor den Candlestick-Charts und verfolgte jede Bewegung des Kurses. Freunde und Familie hörten geduldig meinen endlosen Monologen über die Zukunft des Geldes zu.

Dann der Absturz. Anfang 2018 platzte die Bitcoin-Blase und ein großer Teil meines Vermögens waren weg. Deprimiert schlich ich mich durch mein normales Leben, während ich darauf wartete, dass der Preis wieder steigt. Meine Freundin hat mich verlassen, weil ich nur über den Kurs gesprochen habe. Ich fühlte mich wie ein gescheiterter Held in einem tragischen Film.

Aber ich gab nicht auf. Im Gegenteil, dieser Rückschlag hat mich nur noch mehr angespornt. Während der Bärenmarktphase habe ich mein Wissen über Bitcoin und Blockchain jeden Tag vertieft. Ich habe Dutzende von Büchern gelesen, Podcasts gehört und in Foren diskutiert.

BITCOIN ERFOLG Ein Guide für Krypto-Fans

Mir war klar, dass das die Zukunft ist. Also habe ich einen Teil meiner Ersparnisse in die Coins mit den innovativsten Technologien wie Ethereum, Cardano und Polkadot reinvestiert. Mit einem Restbudget habe ich die volatile Seitwärtsbewegung von Bitcoin gehandelt.

Und dann kam das Jahr 2020. Die Pandemie hat alles verändert. Plötzlich strömten durch Gelddrucken und Anleihekäufe der Zentralbanken massive Mengen neuen Geldes in die Märkte. Bitcoin erwachte wie ein Phönix aus der Asche und stieg auf neue Rekordhöhen. Auch meine anderen Krypto-Investitionen schossen durch die Decke.

Ich hatte nicht nur mein Vermögen wiedererlangt - ich war jetzt Millionär! Einerseits habe ich mich über diesen Erfolg gefreut. Auf der anderen Seite hat es mich demütig gemacht, da mir bewusst war, dass viele Menschen unter der Pandemie litten.

Trotzdem beschloss ich, meinen Job zu kündigen und Vollzeit-Trader zu werden. Endlich konnte ich meine Leidenschaft ausleben. Ich erweiterte mein System, entwickelte meine eigenen Handelsstrategien und automatisierte meinen Handelsprozess mehr und mehr mit selbstgeschriebenen Skripten.

BITCOIN ERFOLG Ein Guide für Krypto-Fans

Mein täglicher Arbeitsablauf sah in etwa so aus: Am Morgen habe ich als erstes die globalen Nachrichten, Twitter und die neuesten Bitcoin-Preisanalysen gecheckt. Danach ging ich meine offenen Trades durch und passte die Stop-Loss- und Take-Profit-Niveaus an.

Ich habe immer am Vortag neue Setups identifiziert – jetzt ging es nur noch um das Management. Abhängig von der Marktsituation habe ich einige Positionen geschlossen und neue Trades nach meinen Kriterien eröffnet. Ich habe überschüssige Gewinne in langfristige Krypto- und Aktieninvestitionen umgeschichtet.

Ab Mittag hatte ich Freizeit und genoss mein Leben. Ich reiste mit meinem Laptop um die Welt und handelte von Stränden und Cafés aus.

Die Natur schenkt mir Ruhe und neue Perspektiven. Zwischen den Handelssitzungen meditiere, trainiere ich und genieße die schönen Dinge des Lebens.

Die richtige Balance zwischen Tun und Sein ist für mich der Schlüssel.

BITCOIN ERFOLG Ein Guide für Krypto-Fans

Natürlich ist nicht immer alles perfekt. Es gibt immer wieder Rückschläge auf dem Markt. Einmal habe ich vergessen, nachts einen Long-Trade an der Terminbörse BitMEX zu schließen. Am nächsten Morgen wurde mein gesamter Hebel unwiderruflich liquidiert und mein Konto geleert! Ich war am Rande eines Nervenzusammenbruchs.

Ein anderes Mal wurde ich auf einer Krypto-Party von einem Typen ausgetrickst, der behauptete, dass er als früher Investor schon vor dem ICO-Zugang zu einem neuen Coin hatte. Rund 200.000 Euro habe ich in das vermeintliche Superprojekt investiert. Wenig später war die Website weg – und mit ihr mein ganzes Geld. Der Schmerz saß tief...

Solche Rückschläge gehören dazu, auch wenn sie weh tun. Aber insgesamt überwiegt die Freude am Handeln. Es gibt immer Chancen, auch in schwierigen Märkten. Man muss einfach kreativ bleiben und aus Fehlern lernen.

Die spannendsten Setups entstehen oft in einem volatilen Marktumfeld. Während andere vor Angst gelähmt sind, spüre ich die Chance auf Gewinne. Natürlich immer mit entsprechendem Risikomanagement – ich bin kein Zocker.

BITCOIN ERFOLG Ein Guide für Krypto-Fans

Trotz aller Turbulenzen bereue ich keine Sekunde meines Krypto-Abenteuers. Die Finanzelite will verhindern, dass wir kleinen Leute in diese neue Welt eintreten. Sie haben Angst um ihre Pfründe und Privilegien. Aber wir müssen diesen Weg gehen und unsere finanzielle Freiheit erreichen!

Meine Vision ist eine Welt, in der jeder Zugang zu einem fairen und zensurresistenten Finanzsystem hat. Bitcoin ist der erste Schritt in diese Richtung. Es mag holprig sein, aber es ist ein Anfang. Wir müssen diese Innovationen weiterentwickeln und verbessern.

Dieses Buch soll Ihnen helfen, Ihren eigenen Weg im Krypto-Raum zu finden. Sie erfahren alles über die faszinierende Technologie dahinter und die Strategien erfolgreicher Trader. Keine Sorge - ich nehme Sie an die Hand. Am Ende werden Sie bereit sein, in diese neue Welt einzutauchen.

Es ist eine Reise ins Unbekannte mit großen Chancen, aber auch Risiken. Sie müssen wissen, worauf Sie sich einlassen. Volatilität kann nervenaufreibend sein. Und nicht jeder kann mit der Ungewissheit umgehen. Manchmal werden Sie sich auf diesem Weg einsam fühlen. Die meisten Leute werden Sie nicht verstehen.

BITCOIN ERFOLG Ein Guide für Krypto-Fans

Aber glauben Sie an sich und Ihre Vision! Bleiben Sie neugierig, lernen Sie jeden Tag etwas Neues und entwickeln Sie sich weiter. Selbstzweifel und Ängste sind normal – aber lassen Sie sich davon nicht aufhalten. Mit der richtigen Einstellung können Sie alles erreichen. Am Ende wartet die Belohnung: finanzielle Freiheit und Unabhängigkeit.

Es geht darum, sein Schicksal selbst in die Hand zu nehmen. Sie allein bestimmen Ihren Weg – keine Bank oder Regierung haben Macht über Sie.

Es wird nicht einfach, aber es lohnt sich! Seien Sie bereit, Herausforderungen anzunehmen. Achten Sie aber auch auf sich selbst und machen Sie Pausen. Nur mit Ausgeglichenheit und innerer Ruhe können Sie erfolgreich handeln.

Entwickeln Sie Ihren eigenen Stil und Ihre eigene Strategie. Seien Sie geduldig mit sich selbst und geben Sie nicht auf. Es kann eine Zeit lang dauern. Aber es lohnt sich! Diese Erfahrungen haben mich zu dem Trader gemacht, der ich heute bin. Sie können es auch, davon bin ich überzeugt.

Also, worauf warten? Lassen Sie uns die nächste Seite öffnen und gemeinsam die Crypto-Matrix eingeben! Es ist riskant, aber es lohnt sich. Auf geht's!
BITCOIN ERFOLG Ein Guide für Krypto-Fans

Kapitel 1

Was ist Bitcoin?

1.1 Definition und Konzept

Über eines meiner Herzensprojekte, nämlich Bitcoin, das digitale Gold des 21. Jahrhunderts, zu schreiben ist wirklich eine großartige Angelegenheit für mich. Bitcoin ist eine echt revolutionäre Erfindung, die die Welt im Sturm erobert hat. Eine Kryptowährung, die 2009 eingeführt wurde. Es hat das echte Potential, die Finanzwelt und ihre Systeme für immer zu verändern. Bitcoin ist eine digitale Währung und ein Zahlungssystem, das auf einer absolut bahnbrechenden Technologie namens Blockchain basiert. Das Ganze erscheint etwas mysteriös. Bitcoin wurde als Open-Source-Projekt von einer Person oder Mehrzahl von Menschen entwickelt. Der Name: Satoshi Nakamoto. Dies könnte ein Pseudonym sein. Hier kann man nur vermuten. Aber egal. Jedenfalls ist es ein revolutionäres Konzept, das die Finanzwelt nachhaltig verändern kann. Das brauchen wir. Die Tür zu einer neuen Welt des dezentralen Finanzwesens wurde unwiederbringlich geöffnet.

1.1.1 Bitcoin als digitale Währung

Bitcoin ist die erste digitale Währung, die nur in elektronischer Form existiert. Bitcoins zu Anfassen gibt es nicht. Schade oder nicht schade? Es existieren lediglich digitale Codes. Trotz seiner immateriellen Natur hat Bitcoin jedoch einen realen Wert. Sofern der Verkäufer Bitcoin als Zahlungsmittel akzeptiert, kann es im Zahlungsverkehr eingesetzt werden. Darüber hinaus hat Bitcoin die Welt der Investitionen und Spekulationen erobert, wobei Menschen auf der ganzen Welt Bitcoin kaufen und verkaufen, in der Hoffnung, von Preisänderungen zu profitieren. Es hat eine neue Klasse von "Bitcoin-Millionären" hervorgebracht. Die Kryptowährung hat das Potenzial unsere Denkweise über Geld krass zu verändern.

1.1.2 Bitcoin als dezentrales Netzwerk

Stop! Bitcoin ist eben mehr als nur eine digitale Währung. Es ist auch ein dezentrales Netzwerk. Das „normale Geld", das Fiat-Geld, wird von Zentralbanken kontrolliert. Bitcoin nicht. Die Nutzer selbst kontrollieren Bitcoin. Sie verifizieren es durch Transaktionen und durch einen Prozess namens Mining werden neue Bitcoins generiert. Dieses dezentrale Modell stellt sicher, dass niemand die Kontrolle über das gesamte Netzwerk erlangen kann und dass das Netzwerk nicht abgeschaltet werden kann. Es ist ein Paradebeispiel für eine dezentralisierte autonome Organisation (DAO), die ohne zentrale Autorität funktioniert.

1.2 Geschichte von Bitcoin

1.2.1 Die Entstehung von Bitcoin

Mysterien ranken sich darum. Wie oben bereits kurz erwähnt wird der Ursprung Satoshi Nakamoto zugeschrieben. Niemand weiß, wer Nakamoto wirklich ist, aber sein, oder ihr Vermächtnis lebt in Bitcoin weiter. Im Jahre 2009 dann die erste Bitcoin Transaktion.

Dieser Moment markierte den supertollen Beginn einer spannenden Finanzrevolution.

1.2.2 Wichtige Meilensteine

BITCOIN ERFOLG Ein Guide für Krypto-Fans

Seit seiner Einführung hat Bitcoin eine Reihe wichtiger Meilensteine erreicht. Dazu gab`s die erste reale Transaktion (der Kauf von zwei Pizzen für 10.000 Bitcoin im Jahr 2010), die Einführung von Bitcoin-Börsen und -Wallets sowie die regelmäßigen "Halvings", bei denen die Belohnung für das Mining von Bitcoin halbiert wird. Jeder dieser Meilensteine hat dazu beigetragen, Bitcoin zu dem zu machen, was es heute ist. Sie haben die Entwicklung von Bitcoin geprägt und dazu beigetragen, es zu einer globalen Kraft zu machen, die unmöglich ignoriert werden kann, auch wenn manche Kräfte dies gerne tun würden.

1.2.3 Bitcoin-Halvings

Bitcoin-Halvings sind dramatische Ereignisse, die etwa alle vier Jahre auftreten. Bei einem Halving halbiert sich die Belohnung für das Mining von Bitcoin. Diese Halbierungen haben oft einen erheblichen Einfluss auf den Preis von Bitcoin, da sie das Angebot an neuen Bitcoins reduzieren. Sie sind wie künstliche Erdbeben, die den Bitcoin-Markt erschüttern und oft zu spektakulären Preisbewegungen führen. Sie sind ein integraler Bestandteil des Bitcoin-Ökosystems und tragen dazu bei, die Knappheit und den Wert von Bitcoin zu erhalten.

BITCOIN ERFOLG Ein Guide für Krypto-Fans

1.3 Grundlagen der Blockchain-Technologie

1.3.1 Was ist Blockchain?

Die Blockchain ist das Herzstück von Bitcoin. Eine revolutionäre Technologie, die es ermöglicht, Transaktionen auf eine Weise aufzuzeichnen, die nicht verändert oder gefälscht werden können. Es ist wie ein unveränderliches digitales Hauptbuch, das jede einzelne Bitcoin-Transaktion für immer verfolgt. Das Rückgrat des Bitcoin-Netzwerks und der Schlüssel zu seiner Sicherheit und Transparenz.

1.3.2 Funktionsweise

Die Blockchain funktioniert, indem sie Transaktionen speichert. Und zwar geschieht dies in sogenannten Blöcken. Jene sind chronologisch miteinander verbunden. Jeder Block enthält eine Liste von Transaktionen und einen Verweis auf den vorherigen Block, wodurch eine Kette von Blöcken entsteht. Diese Struktur stellt sicher, dass einmal erfasste Transaktionen nicht mehr geändert oder gelöscht werden können. Es ist, als wäre jede Transaktion in digitalen Stein gemeißelt. Faszinierend! Dieses Konzept der Unveränderlichkeit ist einer der Hauptgründe, warum die Blockchain-Technologie so leistungsfähig ist. Es stellt sicher, dass niemand betrügen oder das System manipulieren kann.

.1. Grundlage des Bitcoin-Minings zur Verdeutlichung:
Stellen Sie sich vor, Sie stehen vor einem riesigen Berg aus Gold.
Natürlich willst man diesen Schatz abbauen und ihn sich
schnappen. Aber es ist kein normaler Goldschatz - dieser Berg
besteht aus einem komplizierten Puzzle. Um an das Gold in der
Mitte zu gelangen, musst man zunächst die einzelnen Puzzleteile
zusammensetzen. Jedes Teil passt nur an eine bestimmte Stelle.
Das ist die Herausforderung beim Bitcoin-Mining. Statt nach
Gold zu graben, müssen die Bergleute mathematische Rätsel
lösen. Die Belohnung ist dann eine bestimmte Anzahl neuer
Bitcoins. Hört sich erstmal kompliziert an, aber keine Sorge, ich
erkläre das Prinzip Schritt für Schritt. Zunächst eine kurze
Erinnerung: Die Bitcoin-Blockchain ist eine dezentrale
Datenbank. Sie existiert in Kopie auf vielen Computern
(Knoten). Auf der ganzen Welt. Eine zentrale Aufsichtsbehörde
gibt es nicht. Nichtsdestotrotz müssen sich alle Teilnehmer einig
sein, welche Transaktionen gültig sind und in die Blockchain
aufgenommen werden. Wie wird dieser Konsens erreicht? Laut
unserem Beispiel oben: Durch den Bergbau!

Die Miner sind die Buchhalter und Wirtschaftsprüfer des
Bitcoin-Netzwerks. Sie erledigen die Rechenarbeit und
verwenden mathematische Beweise, um sicherzustellen, dass
nur legitime Transaktionen in die Blockchain gelangen. Der
Mining-Prozess wird als Konsensmechanismus oder
Konsensbildung bezeichnet. Ohne Mining gäbe es keinen
Konsens über den Zustand der Blockchain – das System wäre
verwundbar.Betrüger könnten Transaktionen fälschen oder
Krypto-Assets doppelt ausgeben. Beim Mining ist die Sicherheit
und Unveränderlichkeit der Blockchain gewährleistet. Die
ehrlichen Miner haben durch ihre Rechenleistung die Kontrolle
über das System. Es ist am besten, es wie eine Wahl zu
betrachten. Bei einer Wahl muss sichergestellt werden, dass alle
Stimmen korrekt gezählt werden und niemand mehr als einmal
abstimmen kann.

Im Falle von Bitcoin ist das Mining genau dieser demokratische Prozess der Konsensbildung, aber auf mathematische Weise mit kryptographischen Methoden. Die Minenarbeiter sind die Wahlhelfer, die für einen fairen Ablauf sorgen. Ohne sie könnte jeder kommen und behaupten, dass er eine Menge Bitcoins besitzt. Alles, was er tun müsste, ist, die Blockchain entsprechend zu fälschen. Mit der Mining-Methode ist dies praktisch unmöglich.

2. Leistungsnachweis

Beim Bitcoin-Mining kommen sogenannte "Proof of Work"-Methoden zum Einsatz. Was steckt dahinter? Nun, Miner müssen komplizierte kryptografische Rätsel lösen, um neue Transaktionsblöcke an die Blockchain anhängen zu dürfen. Dieser Vorgang wird als "Hash finden" bezeichnet und erfordert eine enorme Rechenleistung.

Stellen Sie sich das wie ein Schloss vor, das sich nur bei einer bestimmten Zahlenkombination öffnet. Miner müssen durch Versuch und Irrtum herausfinden, welche Kombination erfolgreich ist. Milliarden von Versuchen werden unternommen, bis die richtige Lösung gefunden ist. Dieser Aufwand ist der "Proof of Work". Es stellt sicher, dass niemand die Blockchain manipulieren kann, da ein Angreifer enorme Rechenkapazität benötigen würde, um seine eigenen Blöcke einzufügen.Konkret funktioniert das Finden des Hashs, also der richtigen Lösung, durch das Ausprobieren von Nonce-Werten. Eine Nonce ist eine 32-Bit-Zahl, die mit den Blockdaten durch eine Hash-Funktion gejagt wird. Wenn sich der Nonce-Wert ändert, ändert sich auch der Hash. Das Ziel ist es, einen Hash zu finden, der kleiner ist als das vom Bitcoin-Protokoll festgelegte Schwierigkeitsziel.

Mit Beharrlichkeit wird das richtige Haschisch schließlich durch Zufall gefunden. Dies beweist, dass der Miner die notwendige Arbeit geleistet hat, um den neuen Block hinzufügen zu dürfen. Je mehr Miner mit höherer Leistung aktiv sind, desto schwieriger wird diese Aufgabe. Ist klar. Der Schwierigkeitsgrad passt sich automatisch allen Blöcken an, so dass im Durchschnitt nur alle 10 Minuten ein gültiger Hash gefunden wird.

Andernfalls würden neue Blöcke viel schneller generiert und die Blockchain wäre weniger sicher. Dieser selbstregulierende Schwierigkeitsmechanismus ist genial und sorgt dafür, dass Proof of Work funktioniert. Es garantiert, dass die Bearbeitungszeit für einen Block immer ca. 10 Minuten beträgt – völlig unabhängig von der Anzahl der Miner.

3. Mining-Pools

Da das Lösen der kryptographischen Rätsel recht zeitaufwendig ist, schließen sich die Miner in Pools zusammen. In diesen Pools arbeiten Tausende von Minern gleichzeitig an der Lösung. Diese wird jedoch nur von einem Miner gefunden. Der Gewinn wird dann unter allen Teilnehmern des Pools entsprechend der effizienten Mining-Leistung (Hashrate) aufgeteilt.

BITCOIN ERFOLG Ein Guide für Krypto-Fans

Die bekanntesten Pools sind zum Beispiel AntPool, F2Pool und ViaBTC, die ihren Sitz in China haben. Es gibt aber auch viele kleinere Mining-Pools auf der ganzen Welt. Der Vorteil dieser Pools ist, dass auch weniger mächtige Miner gemeinsam etwas erreichen können. Allein wären ihre Erfolgsaussichten verschwindend gering.

In einem Pool schließen sich viele Mining-Rigs über das Internet zusammen. Jedem Teilnehmer wird vom Pool ein Teil der aktuellen Blockchain zur Berechnung zugewiesen. Wenn einer der Miner den gültigen Hash für den aktuellen Block findet, meldet er dieses Ergebnis an den Poolbetreiber.

Dieser prüft das Ergebnis und sendet eine erfolgreiche Nachricht an das Bitcoin-Netzwerk, damit der Block der Blockchain hinzugefügt wird. Der Gewinn – aktuell 6,25 Bitcoin pro Block – wird dann entsprechend der gesammelten Mining-Power verteilt. Die Miner in einem Pool muss nicht den ganzen Block berechnen, aber alle tragen einen kleinen Teil dazu bei. Das macht das Mining viel effizienter und lohnender.

BITCOIN ERFOLG Ein Guide für Krypto-Fans

Ohne Mining-Pools wäre es für kleine Miner kaum möglich, eine valide Lösung zu finden. Selbst große Pools brauchen oft Tage oder Wochen, um erfolgreich zu sein. Die Wahrscheinlichkeit, als Solo-Miner einen Block zu finden, ist verschwindend gering. Diese dezentrale Zusammenarbeit ist es, die das Bitcoin-Netzwerk so stark macht.

4. Mining-Hardware und Stromverbrauch

In den Anfängen von Bitcoin konnte man noch mit der normalen CPU seines Computers „minen". Diese Zeiten sind längst vorbei! Heute wird das Bitcoin-Mining mit speziell entwickelten Hochleistungscomputern durchgeführt. Dies wird ASICs (Application Specific Integrated Circuits) genannt.

Es ist so konzipiert, dass sie die SHA256-Hash-Funktion ausführen, um die Bitcoin Proof of Work-Aufgabe schnell zu lösen. Die leistungsstärksten Mining-Rigs haben eine Hashrate von über 100 Terahash pro Sekunde! Als Durchschnittsverbraucher haben Sie möglicherweise keine Chance, selbst mit Hunderten von GPUs.

BITCOIN ERFOLG Ein Guide für Krypto-Fans

Der Nachteil dieser ASICs ist jedoch ihr enormer Stromverbrauch. Es wird geschätzt, dass das Bitcoin-Mining jährlich so viel Strom verbraucht wie ein kleineres Land! Die derzeit profitabelsten Mining-Rigs sind der Antminer S19 Pro+ von Bitmain und das S19 XP-Modell von MicroBT. Diese haben eine Leistungsaufnahme von bis zu 3000 Watt und können die Hashes mit 140 Terahash pro Sekunde berechnen.

Kaufpreis einer solchen professionellen Mining-Maschine: Etwa 15.000 Euro! Hinzu kommen Kosten für Strom, Kühlung, Lagerplatz und Wartung. Als Privatanwender kommt man da einfach nicht hinterher. Große Mining-Farmen haben den klaren Vorteil von Skaleneffekten und niedrigeren Strompreisen. Sie betreiben oft Tausende dieser Mining-Rigs gleichzeitig in riesigen Hallen.

Viele Kritiker sehen daher den energieintensiven Bergbau als problematisch an. Parallel dazu läuft jedoch die Entwicklung von deutlich effizienteren Mining-Chips. Hinzu kommt, dass der Bergbau zunehmend an Standorten mit günstigen erneuerbaren Energien stattfindet, wie zum Beispiel in Skandinavien.

BITCOIN ERFOLG Ein Guide für Krypto-Fans

Auf absehbare Zeit wird Proof of Work durch Mining der Motor der Bitcoin-Blockchain bleiben. Es ist unwahrscheinlich, dass Bitcoin sich ganz vom Mining entfernen wird – dafür ist es zu sehr in die Funktionsweise involviert. Realistischer sind Optimierungen des Prozesses hin zu einer noch besseren Energieeffizienz.

Denken Sie also nicht daran, heimlich Mining-Hardware im Keller laufen zu lassen. No way! Sie werden mit ziemlicher Sicherheit keinen Gewinn damit erzielen, aber es wird Ihr Haus gut heizen. Überlassen Sie das Mining den Profis mit ihren riesigen Mining-Farmen, während Sie sich entspannen und Ihre verdienten Bitcoins ausgeben!

1.3.3 Anwendungsfälle

Die Blockchain-Technologie hat das Potenzial, weit über Bitcoin hinauszugehen. Es könnte verwendet werden, um alles zu sichern, von Wahlen bis hin zu Lieferketten. Es könnte dazu beitragen, Korruption zu bekämpfen, das Gesundheitswesen zu revolutionieren und das Internet der Dinge zu ermöglichen. Die Möglichkeiten sind nahezu unbegrenzt.

Eine besonders spannende Sache dabei sind Smart Contracts. Smart Contracts sind automatisierte Verträge. Die einzelnen Konditionen sind direkt im Programmcode festgelegt. Sie operieren auf der Blockchain. Sie sind transparent, nicht modifizierbar und können ohne die Einmischung einer dritten Partei umgesetzt werden. Sie könnten alles ermöglichen, von einfachen Transaktionen (z. B. das Senden von Bitcoin von einer Person an eine andere) bis hin zu komplexen Anwendungen (z.B. dezentralisierte autonome Organisationen). Stellen Sie sich vor, Sie könnten einen Mietvertrag in einen Smart Contract umwandeln, der automatisch die Miete von Ihrem Konto abzieht und Ihnen den Schlüssel zu Ihrer Wohnung gibt, ohne dass Sie einen Vermieter oder eine Bank benötigen. Das ist die Stärke von Smart Contracts.

Ein weiterer Anwendungsfall sind dezentrale Anwendungen (dApps). Dabei handelt es sich um Anwendungen, die auf einer Blockchain laufen und von ihr profitieren. Sie sind transparent, unveränderlich und widerstandsfähig gegen Ausfälle. Ein Beispiel für eine dApp ist ein dezentraler Marktplatz, auf dem Nutzer Waren und Dienstleistungen direkt miteinander handeln können, ohne dass ein Mittelsmann erforderlich ist. Stellen Sie sich vor, Sie könnten auf einem globalen Marktplatz einkaufen, auf dem jeder verkaufen kann und der nicht von einem einzigen Unternehmen kontrolliert wird. Das ist die Stärke von dApps.

Schließlich könnte die Blockchain-Technologie auch das Supply Chain Management revolutionieren. Durch den Einsatz von Blockchain könnten Unternehmen Transaktionen entlang der Lieferkette aufzeichnen und verifizieren, was zu mehr Transparenz und Effizienz führen könnte. Ein Beispiel dafür könnte ein Lebensmittelunternehmen sein, das Blockchain verwendet, um den Weg seiner Produkte vom Bauernhof bis zum Verbraucher zu verfolgen. Dies könnte dazu beitragen, Probleme mit der Lebensmittelsicherheit zu vermeiden und das Vertrauen der Verbraucher zu stärken.

1.3.4 Unterschiede zwischen öffentlichen und privaten Blockchains

Nicht alle Blockchains sind gleich. Öffentliche Blockchains, wie die Bitcoin-Blockchain, sind für jedermann zugänglich und jeder kann Transaktionen verifizieren und neue Blöcke hinzufügen. Sie sind transparent und unveränderlich, was sie ideal für Anwendungen macht, die Transparenz und Sicherheit erfordern.

Private Blockchains hingegen sind nur für einen bestimmten Personenkreis zugänglich. Sie werden häufig von Unternehmen für interne Zwecke verwendet, z. B. zur Verbesserung ihrer Supply-Chain-Management-Prozesse. Während private Blockchains einige der Vorteile öffentlicher Blockchains wie Transparenz und Sicherheit opfern, können sie schneller und effizienter sein und mehr Kontrolle über die Daten bieten.

Ob öffentlich oder privat, die Blockchain-Technologie verändert alles, was das Speichern und Managen von Daten betrifft. Von Bitcoin über Smart Contracts bis hin zu dApps sind die Möglichkeiten nahezu unbegrenzt. Und obwohl wir noch am Anfang dieser revolutionären Technologie stehen, ist eines sicher: Blockchain ist gekommen, um zu blei

Kapitel 2

Grundlagen der Bitcoin-Spekulation

2.1 Was ist Spekulation?

Spekulation ist der Prozess des Eingehens von Finanztransaktionen in der Hoffnung, aus zukünftigen Preisänderungen einen Gewinn zu erzielen. Spekulanten kaufen Vermögenswerte nicht, weil sie den inneren Wert des Vermögenswerts schätzen, sondern weil sie erwarten, dass der Preis des Vermögenswerts in Zukunft steigen wird. Im Zusammenhang mit Bitcoin bedeutet Spekulation, das ist klar, zu einem niedrigen Kurs kaufen. Zu einem höheren Kurs verkaufen. Gewinn realisieren. Ein Beispiel für Spekulationen könnte der Kauf von Bitcoin im Jahr 2010 sein, als der Preis noch unter einem Dollar lag. Ein Spekulant hätte damals Bitcoin gekauft, in der Hoffnung, dass der Preis in Zukunft steigen würde. Wenn dieser Spekulant seine Bitcoins bis heute gehalten hätte, hätte er einen riesigen Gewinn gemacht, da der Preis von Bitcoin jetzt in die Tausende von Dollar gestiegen ist.

2.1.1 Unterschied zwischen Investition und Spekulation

Obwohl die Begriffe oft synonym verwendet werden, gibt es einen wichtigen Unterschied zwischen Investition und Spekulation. Investitionen haben mehr die Intention einer längerfristigen Anlage, oft durch Dividenden, Zinsen oder Mieteinnahmen werthaltige Einnahmen zu erzielen. Spekulation hingegen bezieht sich auf das kurzfristige hin und herschieben von Wertanlagen in der Hoffnung, aus Preisänderungen einen Gewinn zu erzielen.

Zum Beispiel könnte ein Investor Aktien eines Unternehmens kaufen, weil er glaubt, dass das Unternehmen gut geführt wird und in Zukunft profitabel sein wird. Ein Spekulant könnte die gleichen Aktien kaufen, nicht weil er an das Unternehmen glaubt, sondern weil er erwartet, dass der Kurs der Aktien in naher Zukunft steigen wird.Im Zusammenhang mit Bitcoin könnte ein Investor Bitcoin kaufen, weil er an die zugrunde liegende Technologie glaubt und erwartet, dass Bitcoin in Zukunft weit verbreitet sein wird. Ein Spekulant könnte Bitcoin nicht kaufen, weil er an Bitcoin glaubt, sondern weil er erwartet, dass der Preis von Bitcoin in naher Zukunft steigen wird.

2.1.2 Psychologie der Spekulation

BITCOIN ERFOLG Ein Guide für Krypto-Fans

Die Psychologie der Spekulation ist ein faszinierendes und komplexes Feld, das die menschlichen Emotionen und Verhaltensweisen untersucht. Das Traden von Bitcoin wird davon beeinflusst. Zwei der stärksten Emotionen, die mit Spekulationen verbunden sind, sind Gier und Angst. Gier ist eine mächtige Triebfeder in der Spekulation. Es bringt die Menschen dazu, mehr zu wollen, mehr zu verdienen, mehr zu erreichen. In der Welt der Bitcoin-Spekulation manifestiert sich die Gier in dem Wunsch, schnell reich zu werden, in der Hoffnung, den nächsten großen Preisanstieg zu erwischen, in der Aufregung, die entsteht, wenn der Preis von Bitcoin in die Höhe schießt. Ein Beispiel für die Rolle der Gier bei der Bitcoin-Spekulation könnte der berüchtigte Bullenmarkt von 2017 sein. Der Wert ging in diesem Jahr von 1000 auf etwa 20.000 Euro rauf. Die Menschen sahen, wie andere enorme Gewinne machten, und wurden von der Gier ergriffen. Sie kauften Bitcoin in der Hoffnung, auch schnell reich zu werden. Dies führte zu einer Preisblase, die schließlich platzte und vielen Spekulanten erhebliche Verluste bescherte.

Angst ist die andere Seite der spekulativen Psychologie. Und ein schlechter Ratgeber an der Börse. Während Gier Menschen dazu treibt, Risiken einzugehen und Vermögenswerte zu kaufen, treibt Angst die Menschen dazu, Risiken zu vermeiden und Vermögenswerte zu verkaufen. Die Angst vor Verlusten, die Angst, den Zug zu verpassen, die Angst, falsch zu liegen – all diese Ängste können die Entscheidungen von Spekulanten stark beeinflussen. Gehen wir für die Rolle der Angst bei der Bitcoin-Spekulation in den Bärenmarkt von 2018 zurück. Nach dem Höhepunkt der Preisblase Ende 2017 begann der Preis von Bitcoin zu fallen. Die Menschen sahen, wie ihre Gewinne schrumpften, und wurden von Angst ergriffen. Sie verkauften ihren Bitcoin in der Hoffnung, ihre Verluste zu begrenzen. Dies führte zu einem schnellen Preisverfall, der den Preis von Bitcoin auf rund 3.000 US-Dollar trieb. Die Psychologie der Spekulation kann auch in Form von Herdenverhalten auftreten, bei dem Menschen dazu neigen, den Handlungen der Mehrheit zu folgen, unabhängig davon, ob diese Handlungen rational oder im besten Interesse sind. Ein Beispiel dafür könnte der Kauf von Bitcoin auf dem Höhepunkt der Preisblase im Jahr 2017 sein, als viele Menschen Bitcoin kauften, weil "alle anderen es taten", ohne die Risiken vollständig zu verstehen oder zu berücksichtigen.

2.1.3 Strategien für Bitcoin-Spekulationen

Es gibt viele verschiedene Strategien, die Bitcoin-Spekulanten anwenden können, abhängig von ihren Zielen, ihrer Risikotoleranz und ihrem Verständnis der Märkte. Einige der gebräuchlichsten Strategien sind Buy-and-Hold, aktiver Handel und Arbitrage-Handel.

Kaufen-und-Halten

Dabei handelt es sich um eine langfristige Anlagestrategie, bei der ein Anleger Bitcoin kauft und über einen längeren Zeitraum hält, unabhängig von kurzfristigen Preisbewegungen. Hier geht man davon aus, dass der Wert von Bitcoin sich nach oben entwickeln wird nach einiger Zeit. Ein Beispiel für einen erfolgreichen "Buy-and-Hold"-Spekulanten könnten die Winklevoss-Zwillinge sein, die 2013 Bitcoin im Wert von 11 Millionen US-Dollar kauften und trotz mehrerer erheblichen Preisrückgänge hielten. Ihr Glaube an den langfristigen Wert von Bitcoin zahlte sich aus, als der Bitcoin-Preis 2017 auf fast 20.000 US-Dollar stieg und ihr Bitcoin-Vermögen auf über 1 Milliarde US-Dollar anwuchs.

BITCOIN ERFOLG Ein Guide für Krypto-Fans

Aktiver Handel ist eine kurzfristige Handelsstrategie, bei der ein Händler versucht, von kurzfristigen Preisbewegungen zu profitieren. Dies kann durch eine Vielzahl von Handelstechniken wie Daytrading, Swingtrading und Scalping erreicht werden.

Daytrading

Dabei handelt es sich um eine Handelsstrategie, bei der ein Händler innerhalb eines einzigen Handelstages kauft und verkauft, um von kleinen Preisbewegungen zu profitieren. Etwa am Morgen kaufen und abends zu einem etwas höheren Preis die Position wieder glatt stellen um, wenn auch noch so gering, von Preissteigerungen sofort zu profitieren.

Swing-Handel

Dies ist eine Handelsstrategie, bei der ein Händler versucht, von Preisbewegungen über mehrere Tage oder Wochen zu profitieren.

Zum Beispiel könnte ein Swing Trader Bitcoin kaufen, wenn er glaubt, dass der Preis in naher Zukunft steigen wird, und es dann verkaufen, wenn der Preis tatsächlich gestiegen ist.

BITCOIN ERFOLG Ein Guide für Krypto-Fans

Scalping

Hier versucht ein Händler, von sehr kleinen Preisbewegungen zu profitieren, oft durch den Kauf und Verkauf von Bitcoin innerhalb von Minuten oder sogar Sekunden. Zum Beispiel könnte ein Scalper Bitcoin kaufen und es dann ein paar Minuten später verkaufen, wenn der Preis nur ein wenig gestiegen ist, um einen kleinen Gewinn zu erzielen.

Arbitrage-Handel

Sie profitieren von Preisunterschieden zwischen verschiedenen Märkten. Ein Beispiel für einen erfolgreichen Arbitrage-Händler könnte jemand sein, der Bitcoin an einer Börse kauft, an der der Preis niedrig ist, und es dann an einer anderen Börse verkauft. Zu einem höheren Preis.

Short Selling (Leerverkauf)

Eine sehr umstrittene Handelsmethode. Nur für absolut hartgesottene Handelsprofis oder äußerst wagemutige Anfänger. Höchstgefährlich! Man versucht, von fallenden Kursen zu profitieren, indem man den Händler Bitcoin verkaufen lässt, die er nicht besitzt, in der Hoffnung, sie später zurückzukaufen. Selbstverständlich in der Absicht, dass der Preis dann niedriger ist.

BITCOIN ERFOLG Ein Guide für Krypto-Fans

Hedging

Hedging ist eine weitere fortschrittliche Handelsstrategie, die darauf abzielt, das Risiko durch das Eingehen gegensätzlicher Positionen zu reduzieren. Im Zusammenhang mit Bitcoin kann ein Händler beispielsweise eine Long-Position in Bitcoin eingehen. Hier geht man davon aus, dass der Preis nach oben geht. Man geht jedoch gleichzeitig eine Short-Position in einem anderen Vermögenswert oder einem Bitcoin-Derivat ein, um das Risiko eines Preisverfalls zu verringern.

Ein Beispiel für eine Absicherungsstrategie könnte ein Händler sein, der Bitcoin besitzt und glaubt, dass der Preis steigen wird, aber befürchtet, dass ein plötzlicher Preisverfall seine Investition gefährden könnte. Um dieses Risiko zu mindern, könnte der Händler einen Futures-Kontrakt verkaufen. Hier hat er das Recht zu einem vorher bestimmten Preis künftig zu verkaufen. Wenn der Preis von Bitcoin fällt, würde der Verlust aus seiner Long-Position durch den Gewinn aus seiner Short-Position im Futures-Kontrakt ausgeglichen.

Stop-Loss

Stop-Loss ist eine Handelsstrategie, die darauf abzielt, Verluste zu begrenzen, indem eine Verkaufsorder platziert wird. Zu einem bestimmten Preis wird sie dann glattgestellt. Dadurch werden dann Verluste vermieden.

Nehmen wir einen Händler, der Bitcoin zu einem Preis von 10.000 $ kauft und eine Stop-Loss-Order zu 9.000 $ platziert. Wenn der Preis von Bitcoin auf 9.000 $ fällt, wird die Stop-Loss-Order automatisch ausgeführt und die Bitcoins werden verkauft. Dies würde den Verlust des Händlers auf 1.000 USD pro Bitcoin begrenzen.

Dabei kann allerdings nicht garantiert werden, dass der Vermögenswert zum festgelegten Preis verkauft wird. Wenn der Markt sehr volatil ist und der Preis schnell fällt, kann der tatsächliche Verkaufspreis niedriger sein als der festgelegte Stop-Loss-Preis.

Stop-Loss und Hedging in Kombination

In einigen Fällen können Händler sowohl Absicherungs- als auch Stop-Loss-Strategien kombinieren, um ihr Risiko zu steuern. Zum Beispiel könnte ein Händler, der eine Long-Position in Bitcoin hat, einen Futures-Kontrakt verkaufen, um sich gegen das Risiko eines Preisverfalls abzusichern, und zum gleichen Zeitpunkt wendet er eine Stop-Loss-Order an, um seine Verluste zu begrenzen. Bei negativem Kursverlauf. Diese Kombination von Strategien könnte dazu beitragen, das Risiko zu reduzieren und gleichzeitig das Gewinnpotenzial zu erhalten.

2.1.4 Die Zukunft der Bitcoin-Spekulation

Die Zukunft der Bitcoin-Spekulation ist ein komplexes und facettenreiches Thema, das von einer Vielzahl von Akteuren und Interessengruppen beeinflusst wird. Diese reichen von Regierungen und Banken bis hin zu Technologieunternehmen, Investoren, Verbrauchern und sogar Aktivisten.

Die Rolle der Regierungen

Regierungen spielen eine entscheidende Rolle in der Zukunft der Bitcoin-Spekulation, da sie die Befugnis haben, Gesetze und Vorschriften zu erlassen, die den Handel und die Verwendung von Bitcoin fördern oder einschränken können. Regierungen gehen dabei nicht unbedingt einheitlich vor. Verschiedene Länder haben eben nun mal unterschiedliche Ansichten und Ansätze zur Regulierung von Bitcoin. Einige Länder, wie die USA und die EU, haben versucht, ein Gleichgewicht zwischen einem Voranbringen einer Innovationsoffensive und Gewährleistung von Verbraucherschutz und Finanzstabilität zu finden. Sie haben Vorschriften erlassen, die den Handel mit Bitcoin unter bestimmten Bedingungen erlauben, aber auch Maßnahmen ergriffen, um betrügerische Praktiken zu bekämpfen und Geldwäsche zu verhindern. Andere Länder, wie China und Indien, stehen Bitcoin skeptischer gegenüber und haben strengere Vorschriften erlassen, die den Handel und die Verwendung von Bitcoin einschränken. Diese Länder sehen Bitcoin oft als Bedrohung für ihre finanzielle Stabilität und Kontrolle an und haben Schritte unternommen, um diese Bedrohung zu mindern.

BITCOIN ERFOLG Ein Guide für Krypto-Fans

Die Rolle der Banken

Banken und andere Finanzinstitute spielen ebenfalls eine wichtige Rolle in der Zukunft der Bitcoin-Spekulation. Einige Banken haben sich offen für Bitcoin gezeigt und bieten Dienstleistungen wie den Handel mit Kryptowährungen und Verwahrungsdienste an. Diese Banken sehen Bitcoin als eine Möglichkeit, neue Kunden zu gewinnen und neue Einnahmequellen zu erschließen.

Andere Banken standen Bitcoin skeptischer gegenüber und haben Schritte unternommen, um den Handel und die Verwendung von Bitcoin einzuschränken. Diese Banken sehen Bitcoin oft als Bedrohung für ihre Geschäftsmodelle und haben Schritte unternommen, um diese Bedrohung zu mindern.

Weitere Interessengruppen

Neben Regierungen und Banken gibt es weitere Interessengruppen, die die Zukunft der Bitcoin-Spekulation beeinflussen könnten. Dazu gehören folgende Bereiche:

- **Technologie:** Viele Technologieunternehmen haben sich positiv über Bitcoin geäußert und bieten Dienstleistungen an, die den Handel und die Verwendung von Bitcoin erleichtern. Zum Beispiel PayPal das Zahlungsunternehmen kürzlich angekündigt, dass es seinen Kunden erlauben wird, Bitcoin zu kaufen, zu verkaufen und zu halten.

- **Anleger:** Große institutionelle Anleger wie Hedgefonds und Pensionsfonds können einen erheblichen Einfluss auf den Preis von Bitcoin haben. Wenn sich diese Investoren entscheiden, in Bitcoin zu investieren, kann dies den Preis in die Höhe treiben. Wenn sie sich entscheiden, ihre Bitcoins zu verkaufen, kann dies den Preis drücken.

- **Verbraucher:** Letztendlich hängt die Zukunft der Bitcoin-Spekulation von den Verbrauchern ab. Wenn die Verbraucher Vertrauen in Bitcoin haben und bereit sind, es zu kaufen und zu verwenden, kann dies den Preis in die Höhe treiben. Wenn die Verbraucher kein Vertrauen in Bitcoin haben und es nicht kaufen oder verwenden, kann dies den Preis drücken. So ist es eben.

BITCOIN ERFOLG Ein Guide für Krypto-Fans

- **Aktivisten**: Es gibt auch eine wachsende Bewegung von Aktivisten, die sich für finanzielle Inklusion und gegen das traditionelle Bankensystem einsetzen. Diese Aktivisten sehen Bitcoin als Mittel, um ihre Ziele zu erreichen, und könnten einen Einfluss auf die öffentliche Meinung und die Regulierung von Bitcoin haben.

Insgesamt ist die Zukunft der Bitcoin-Spekulation ungewiss. Wie erwähnt sind die Faktoren des Einflusses sehr vielfältig. Es ist wichtig, dass Spekulanten diese Faktoren verstehen und ihre Strategien entsprechend anpassen

2.2 Wie funktioniert die Spekulation?

2.2.1 Kauf und Verkauf

Der Kauf und Verkauf von Bitcoin ist die Grundlage der Bitcoin-Spekulation. Bei diesem Prozess wird herkömmliches Geld wie Dollar oder Euro in Bitcoin umgetauscht und umgekehrt.

Es ist der erste Schritt, um in die aufregende Welt der Kryptowährungen einzusteigen und die verschiedenen Möglichkeiten zu erkunden, die sie bietender Kauf von Bitcoin ähnelt dem Kauf von Aktien an der Börse. Sie als Investor suchen nach einem Preis, den Sie für gerechtfertigt halten, und sobald Sie diesen Preis gefunden haben, treffen Sie die Kaufentscheidung.

Es gibt mehrere Möglichkeiten, dies zu tun: Bitcoin zum Realtime- Kurs kaufen. Das ist dann eine Markt-Order. Dann gibt es die Limit-Order, bei der ich zu einem vorher bestimmten Kurs kaufe. Oder einen Verkauf tätige. Beide Order Arten gibt es auch beim Verkauf. Schauen wir uns den Kauf von Bitcoin anhand eines Beispiels genauer an.

BITCOIN ERFOLG Ein Guide für Krypto-Fans

Nehmen wir an, Sie haben sich entschieden, bis zu 10.000 US-Dollar für einen Bitcoin zu bezahlen. Sie könnten eine Limit-Order an einer Kryptowährungsbörse wie Coinbase platzieren, um einen Bitcoin zu kaufen, wenn der Preis auf 10.000 $ fällt. Sobald der Preis von Bitcoin tatsächlich auf 10.000 $ fällt, wird Ihre Order automatisch ausgeführt und Sie kaufen einen Bitcoin für 10.000$. Eine alternative Methode zum Kauf von Bitcoin ist die Verwendung eines Bitcoin-Geldautomaten (BTM). BTMs ähneln herkömmlichen Geldautomaten, ermöglichen es Ihnen jedoch, Bitcoin anstelle von Bargeld zu kaufen. Alles, was Sie tun müssen, ist, Bargeld oder eine Kreditkarte in das BTM einzugeben, die Adresse Ihrer Bitcoin-Brieftasche anzugeben, und das BTM sendet den gekauften Bitcoin-Betrag an Ihre Brieftasche. Diese Option kann besonders praktisch sein, wenn Sie lieber Bargeld verwenden oder keinen Zugang zu einer Kryptowährungsbörse haben. Der Verkauf von Bitcoin funktioniert, wie oben erwähnt, ähnlich wie der Kauf, nur in umgekehrter Reihenfolge.

Nehmen wir an, Sie haben einen Bitcoin für 15.000 US-Dollar gekauft und der Bitcoin-Preis ist auf 20.000 US-Dollar gestiegen. Sie könnten eine Limit-Order an einer Kryptowährungsbörse wie Binance platzieren, um Ihr Bitcoin zu verkaufen, wenn der Preis auf 20.000 $ steigt. Sobald der Bitcoin-Preis tatsächlich 20.000 US-Dollar erreicht, wird Ihre Order automatisch ausgeführt und Sie verkaufen Ihren Bitcoin für 20.000 US-Dollar, was einen Gewinn von 5.000 US-Dollar bedeutet.

Eine andere Möglichkeit besteht darin, Bitcoin über einen Peer-to-Peer-Marktplatz wie Wall of Coins zu verkaufen. Eine der früher weltweit größten P2P-Marktplätze LocalBitcoin hat im Februar 2023 seine Pforten geschlossen. Solche Plattformen ermöglichen es Ihnen, Bitcoin direkt an andere Benutzer zu verkaufen, oft gegen Bargeld oder andere Zahlungsmethoden, die an traditionellen Kryptowährungsbörse nicht verfügbar sind. Man kann auf jenen P2P-Marktplätzen ein Angebot erstellen, um Ihr Bitcoin zu einem von Ihnen festgelegten Preis zu verkaufen. Wenn ein anderer Benutzer Ihr Angebot annimmt, senden Sie ihm Bitcoin, und er sendet Ihnen die Zahlung.

2.2.2 Handelsplattformen und Börsen

Es gibt eine Vielzahl von Handelsplattformen und Börsen, jede mit ihren eigenen Vor- und Nachteilen. Einige sind für ihre Sicherheit und Zuverlässigkeit bekannt, während andere sich durch ihre benutzerfreundliche Oberfläche und die große Auswahl an verfügbaren Kryptowährungen auszeichnen.In aller Munde sind unter anderem Binance. Mit einem Handelsvolumen weit über 100 Milliarden US-Dollar. Dann Coinbase und Kraken, mit ebenfalls sehr großem Handelsvolumen. Coinbase ist vor allem für seine benutzerfreundliche Oberfläche bekannt und gilt oft als erste Wahl für Einsteiger. Binance hingegen hat sehr viele Kryptowährungen im Angebot und verfügt über ebenfalls über fortschrittliche Handelsfunktionen, die erfahrene Händler nutzen. Kraken hat in der Kryptowährung-Community einen guten Ruf für seine Sicherheit und Zuverlässigkeit. Das trifft auch auf die anderen genannten Börsen zu.

Werfen wir einen genaueren Blick auf den Handel an einer Börse, zum Beispiel den Handel auf Binance. Nehmen wir an, Sie möchten Bitcoin gegen Ethereum tauschen. Sie können zu Binance gehen und das BTC/ETH-Handelspaar auswählen. Sie können dann einen Auftrag erteilen, um Ihr Bitcoin zu einem von Ihnen festgelegten Preis in Ethereum umzutauschen. Sobald der Markt diesen Preis erreicht, wird Ihre Order ausgeführt und Sie erhalten Ethereum.Eine andere Möglichkeit wäre der Handel an einer dezentralen Börse (DEX) wie Uniswap. DEXs sind Börsen, die nicht von einer zentralen Behörde kontrolliert werden. Stichwort Blockchain-Technologie. Bei einer zentralisierten Börse dagegen werden die Gelder der Nutzer auf den Servern der Börse verwahrt.

Dies können die Nutzer anfällig für Hackerangriffe machen. Bei einer DEX werden die Gelder der Nutzer in ihren eigenen Wallets verwahrt. Zudem gibt es einen guten Schutz der Privatsphäre. Auf Uniswap können Sie zum Beispiel ein Handelspaar wie ETH/BTC wählen. Sie können dann einen Auftrag erteilen, um Ihr Ethereum zu einem von Ihnen festgelegten Preis gegen Bitcoin umzutauschen. Sobald der Markt diesen Preis erreicht, wird Ihre Order ausgeführt und Sie erhalten BTC.

BITCOIN ERFOLG Ein Guide für Krypto-Fans

2.2.3 Wallets und Sicherheit

Ein wichtiger Aspekt bei der Spekulation mit Bitcoin ist die sichere Aufbewahrung Ihr erworbener Bitcoin. Dies wird in der Regel mit einer digitalen Geldbörse, auch "Wallet" genannt, erreicht. Dort werden dann die Bitcoins gespeichert. Wallets gibt's verschiedene. Online, mobile, Desktop und Hardware-Wallets.

Online Wallets:

Diese werden auf einer Website gehostet . Sie sind sehr praktisch, weil Sie von überall darauf zugreifen können. Bei dieser Art von Wallets besteht jedoch ein erhöhtes Risiko von Hacking-Angriffen.

Mobile Wallets:

Hier handelt es sich um Apps. Der Vorteil ist klar. Man kann von unterwegs, etwa vom Mobiltelephon aus, handeln. Desktop-Wallets wiederum sind Programme auf dem PC. Im Vergleich zu Online- und mobilen Wallets gibt es mehr Sicherheit. Ist aber etwas weniger bequem im Handling sind. Hardware-Wallets sind physische Geräte, die eine besonders sichere Möglichkeit bieten, Ihr Bitcoin aufzubewahren.

BITCOIN ERFOLG Ein Guide für Krypto-Fans

Sie sind in der Regel teurer, aber auch die sicherste Option. Eine weitere Möglichkeit wäre die Verwendung einer mobilen Geldbörse wie der BRD-Wallet. Nehmen wir an, Sie haben Bitcoin an einer Börse gekauft und möchten es auf Ihrem Smartphone behalten. Sie können die BRD-Wallet auf Ihrem Smartphone installieren und Bitcoin von der Börse auf Ihre BRD-Wallet übertragen. Dies gibt Ihnen die Möglichkeit, Ihr Bitcoin direkt von Ihrem Smartphone aus zu senden und zu empfangen.

Die Sicherheit Ihres Wallets steht an erster Stelle, da Sie sicherstellen möchten, dass Ihr Bitcoin vor unbefugtem Zugriff geschützt sind. Es ist ratsam, ein sicheres Passwort für Ihre Wallet zu verwenden und Sicherheitsmaßnahmen anzuwenden. Hier bietet sich die Zwei-Faktor-Authentifizierung an. Darüber hinaus sollten Sie regelmäßig Backups Ihrer Wallet erstellen, um Ihre Bitcoins im Falle eines Datenverlusts wiederherstellen zu können. Ganz wichtig ist es Ihre privaten Schlüssel an einem sicheren Ort aufzubewahren, da sie für den Zugriff auf Ihren Bitcoin absolut unerlässlich sind. Das dürfte sowieso klar sein.

Hardware Wallets:

Hier ist etwa eine Hardware Wallet wie Ledger Nano S zu nennen. Natürlich gibt es auch andere Hardware Wallets, wie Trezor Model T, Ellipal Titan oder BitBoxO2 usw. Nehmen wir an, Sie haben Bitcoin an einer Kryptowährungsbörse gekauft und möchten es sicher aufbewahren. Sie übertragen Ihren Bitcoin dann auf die Wallet. Dadurch sind Ihre Bitcoins sicher geschützt und Sie haben die volle Kontrolle darüber.

Kapitel 3

Verstehen der Marktindikatoren

3.1 Verständnis der Marktindikatoren

3.1.Preis und Volumen

Preis und Volumen sind die grundlegenden Eckpfeiler jeder Marktanalyse. Der Preis als Betrag, den Käufer bereit sind, für eine Einheit Bitcoin zu zahlen, und das Volumen die Menge an Bitcoin, die innerhalb eines bestimmten Zeitraums gehandelt wird. Ein Preisanstieg kann auf eine erhöhte Nachfrage hindeuten. Ein Preisrückgang auf einen Rückgang. Das Handelsvolumen wiederum gibt Aufschluss darüber, wie viele Marktteilnehmer aktiv sind. Die Analyse von Preis und Volumen kann helfen, Markttrends zu erkennen. Wenn beispielsweise der Preis steigt und das Volumen hoch ist, könnte dies auf einen starken Aufwärtstrend hindeuten. Umgekehrt könnte ein fallender Preis bei hohem Volumen auf einen Abwärtstrend hindeuten.

3.1.2 Volatilität

Volatilität bedeutet eine starke Neigung zu Preisschwankungen. Das trifft auf Bitcoin locker zu. Dies kann sowohl Risiken als auch Chancen für Händler bedeuten. Die Volatilität kann dabei mit verschiedenen Methoden gemessen werden. Eine gängige Methode ist, die Standardabweichung der täglichen Preisänderungen über einen bestimmten Zeitraum zu berechnen. Ein hoher Wert weist auf eine hohe Volatilität hin, während ein niedriger Wert auf eine geringe Volatilität hinweist.

3.1.3 Marktstimmung

Die Marktstimmung bezieht sich auf die allgemeine Einstellung von Händlern zu einem Vermögenswert. Sie kann durch eine Vielzahl von Methoden gemessen werden, darunter Umfragen, Social-Media-Post-Analysen sowie Preis- und Volumendatenanalysen. Eine positive Marktstimmung unterstreicht den Optimismus der Händler. Eine negative Marktstimmung kann darauf hindeuten, dass Händler pessimistisch sind und erwarten, dass der Preis fällt.

3.1.4 On-Chain-Analyse

Die On-Chain-Analyse analysiert Daten direkt aus der Bitcoin-Blockchain. Dazu gehören Daten wie die Anzahl der aktiven Adressen, die Anzahl der täglichen Transaktionen, durchschnittliche Transaktionswerte und vieles mehr.

Die On-Chain-Analyse kann wertvolle Einblicke in das Verhalten von Bitcoin-Nutzern und den allgemeinen Zustand des Bitcoin-Netzwerks liefern. Zum Beispiel kann ein Anstieg der Anzahl der aktiven Adressen darauf hindeuten, dass mehr Benutzer Bitcoin verwenden, was ein positives Zeichen für die Nachfrage nach Bitcoin sein könnte.

Ein weiterer wichtiger Aspekt der On-Chain-Analyse ist die Untersuchung der Bewegungen von Bitcoin zwischen Adressen. Große Bitcoin-Transfers, die oft als "Walbewegungen" bezeichnet werden, können einen erheblichen Einfluss auf den Bitcoin-Preis haben und sind oft ein Zeichen für bevorstehende Preisbewegungen.

BITCOIN ERFOLG Ein Guide für Krypto-Fans

Darüber hinaus können On-Chain-Daten auch verwendet werden, um Markttrends zu identifizieren. Zum Beispiel kann ein Anstieg der Transaktionsaktivität auf der Blockchain auf eine erhöhte Marktaktivität hindeuten, während ein Rückgang der Transaktionsaktivität auf eine geringere Marktaktivität hindeuten kann.Die On-Chain-Analyse hilft unbedingt beim Traden. Ist jedoch nur ein Tool unter vielen.

Weitere Analysemethoden werden wir später kennenlernen.

3.2 Technische Analyse

Die technische Analyse ist eine Handelsdisziplin, die von Händlern und Investoren weltweit verwendet wird, um die zukünftigen Preisbewegungen von Vermögenswerten wie Bitcoin vorherzusagen. Er basiert auf der Prämisse, dass alle relevanten Informationen, einschließlich zukünftiger Preisbewegungen, bereits im Preis eines Vermögenswerts enthalten sind. Technische Analysten verwenden verschiedene Techniken, um, fundierte Handelsentscheidungen treffen zu können.

BITCOIN ERFOLG Ein Guide für Krypto-Fans

Im Gegensatz zur Fundamentalanalyse, wo es um die Analyse der zugrunde liegenden wirtschaftlichen und finanziellen Faktoren eines Vermögenswerts geht, geht's bei technischer Analyse ausschließlich um Analyse von Preis- und Volumendaten. Technische Analysten glauben, dass die Preisbewegungen eines Vermögenswerts nicht zufällig sind, sondern durch bestimmte Marktmuster und Trends bestimmt werden, die durch die kollektive Psychologie der Marktteilnehmer verursacht werden.

3.2.1 Unterstützungs- und Widerstandsniveaus

Es handelt sich dabei um Schlüsselkonzepte in der technischen Analyse. Ein Unterstützungsniveau ist ein Preisniveau, bei dem die Nachfrage nach einem Vermögenswert stark genug ist, um einen weiteren Preisrückgang zu verhindern. Es ist, als ob der Boden den Preis stützt. Ein Widerstandsniveau hingegen ist ein Preisniveau, bei dem das Angebot stark genug ist, um weitere Preissteigerungen zu verhindern. Es ist, als würde eine Obergrenze den Preis nach unten drücken.

Die Identifizierung von Unterstützungs- und Widerstandsniveaus kann Händlern helfen, Ein- und Ausstiegspunkte für ihre Trades zu bestimmen. Wenn der Preis eines Vermögenswerts auf ein Unterstützungsniveau fällt, könnten Händler einen Kauf in Betracht ziehen, in der Erwartung, dass der Preis wahrscheinlich wieder steigen wird. Bewegt sich der Preis auf ein Widerstandsniveau zu, könnten Händler einen Verkauf in Betracht ziehen, weil man annimmt, dass der Wert nach unten purzelt.

3.2.2 Candlestick-Muster

Es handelt sich um spezifische Muster von Preisbewegungen, die in einem Candlestick-Chart dargestellt werden, einer Art Preisdiagramm, das Informationen über den Eröffnungs-, Höchst-, Tiefst- und Schlusskurs eines Vermögenswerts für einen bestimmten Zeitraum liefert.

Es gibt viele verschiedene Arten von Candlestick-Mustern, darunter Umkehrmuster, die auf eine bevorstehende Trendumkehr hinweisen, und Fortsetzungsmuster, die auf eine Fortsetzung des aktuellen Trends hinweisen. Beispiele für Kerzenmuster sind das Doji-, das Hammer- und das Hanging-Man-Muster. Die genaue Interpretation dieser Muster hängt vom Kontext ab, in dem sie auftreten.

BITCOIN ERFOLG Ein Guide für Krypto-Fans

3.2.3 Indikatoren und Oszillatoren

Indikatoren und Oszillatoren sind mathematische Berechnungen, die auf Preis- und Volumendaten basieren und verwendet werden, um verschiedene Aspekte des Marktes zu messen, wie z. B. Trend, Momentum, Volatilität und Liquidität Diese Tools können durchaus hilfreich sein. Es ist jedoch wichtig zu beachten, dass Indikatoren und Oszillatoren, wie alle Aspekte der technischen Analyse, nicht perfekt sind und dass sie am besten in Kombination mit anderen Formen der Analyse verwendet werden.

3.2.4 Relative-Stärke-Index (RSI)

Beim Relative Strength Index (RSI) geht es um Preisbewegungsveränderungen und wie schnell dies passiert. Der RSI variiert zwischen 0 und 100 und wird oft als Oszillator dargestellt. Ein RSI-Wert über 70 deutet auf überkaufte Bedingungen hin, was bedeutet, dass der Preis wahrscheinlich fallen wird. Ein RSI-Wert unter 30 deutet auf überverkaufte Bedingungen hin, was bedeutet, dass der Preis wahrscheinlich steigen wird.

3.2.5 Gleitende Durchschnitte (MAs)

Gleitende Durchschnitte sind eine weitere gängige Methode, um Markttrends zu identifizieren. Sie glätten die Preisdaten, um den zugrunde liegenden Trend zu identifizieren. Es gibt verschiedene Arten von gleitenden Durchschnitten, darunter einfache (SMA), exponentielle (EMA) und gewichtete (WMA). Ein gleitender Durchschnitt, der über dem aktuellen Preis liegt, kann als Widerstandsniveau fungieren, während ein gleitender Durchschnitt, der unter dem aktuellen Preis liegt, als Unterstützungsniveau dienen kann.

3.2.6 Bollinger-Bänder

Bollinger-Bänder sind ein Indikator für die technische Analyse, der entwickelt wurde, um die Volatilität und das Preisniveau eines Vermögenswerts zu messen. Sie bestehen aus drei Linien: einer Mittellinie, bei der es sich um einen einfachen gleitenden Durchschnitt handelt, und zwei äußeren Linien, bei denen es sich um zwei Standardabweichungen vom Mittelwert handelt. Wenn der Preis das obere Band berührt, könnte dies ein Zeichen dafür sein, dass der Vermögenswert überkauft, ist, während das Berühren des unteren Bandes darauf hindeuten könnte, dass der Vermögenswert überverkauft ist.

BITCOIN ERFOLG Ein Guide für Krypto-Fans

3.2.7 Fibonacci-Retracement

Fibonacci Retracement ist ein technisches Analysetool, das horizontale Unterstützungs- und Widerstandslinien auf einem Preisdiagramm basierend auf den Fibonacci-Zahlen, einer mathematischen Zahlenfolge, generiert. Trader verwenden diese Linien, um potenzielle Umkehrpunkte im Markt zu identifizieren. Wenn der Preis eines Vermögenswerts steigt oder fällt, kann er oft einen Teil dieser Bewegung "zurücksetzen", bevor er sich in seine ursprüngliche Richtung fortsetzt. Die Fibonacci-Retracement-Levels können Tradern helfen, diese potenziellen Wendepunkte zu identifizieren.

3.2.8 MACD (Konvergenz-Divergenz des gleitenden Durchschnitts)

Der MACD (Moving Average Convergence Divergence) ist ein technischer Analyse-Indikator. Er liefert Richtung und Stärke eines Trends sowie Kauf- und Verkaufssignale. Basierend auf zwei gleitenden Durchschnitten, die sich übereinandergelegt werden. Der MACD wird berechnet, indem der 26-Tage-EMA vom 12-Tage-EMA subtrahiert wird. Dann wird ein 9-Tage-EMA des MACD als Signallinie auf den MACD gezeichnet, die als Auslöser für Kauf- und Verkaufssignale dient. Wenn der MACD über die Signallinie steigt, ist dies ein bullisches Signal, das darauf hindeutet, dass es Zeit zum Kauf ist. Umgekehrt wird ein Bärensignal gegeben, wenn der MACD unter die Signallinie fällt, was darauf hindeutet, dass es Zeit für einen Verkauf ist.Diese Indikatoren sind nur einige der vielen Tools, mit denen Händler den Bitcoin-Markt analysieren können

Trotz ihrer Bedeutung ist die technische Analyse jedoch kein Allheilmittel. Wie jedes Tool hat es seine Grenzen und sollte nicht als einzige Informationsquelle für Handelsentscheidungen verwendet werden. Die technische Analyse kann zwar dazu beitragen, die Wahrscheinlichkeiten zu Ihren Gunsten zu verschieben, kann aber keine Garantie für zukünftige Preisbewegungen sein. Es ist wichtig, sich daran zu erinnern, dass die technische Analyse auf der Annahme basiert, dass sich die Geschichte wiederholt – aber die Geschichte wiederholt sich nicht immer genau.

Es ist wichtig, ein Gleichgewicht zwischen technischer und fundamentaler Analyse zu finden und das Risiko immer angemessen zu managen. Das bedeutet, dass Sie für jeden einzelnen Trade nur einen kleinen Prozentsatz Ihres Handelskapitals riskieren und immer Stop-Loss-Orders verwenden. Wegen des Risikos. Darüber hinaus sollten Sie immer die allgemeinen Marktbedingungen und die wirtschaftlichen Fundamentaldaten berücksichtigen, die Preisbewegungen beeinflussen können.

3.2.9 Chartmuster und Trendanalyse

Chartmuster sind spezifische Muster, die auf Preischarts identifiziert werden können und zur Vorhersage zukünftiger Preisbewegungen verwendet werden. Es gibt viele verschiedene Arten von Diagrammmustern, und die Fähigkeit, diese Muster zu erkennen und zu interpretieren, ist eine wichtige Fähigkeit für jeden technischen Analysten.

Trendmuster zeigen aktuelle Trends auf. Ein Trend ist eine anhaltende Bewegung des Preises in eine bestimmte Richtung über einen bestimmten Zeitraum. Trends können aufwärts (bullisch), abwärts (bearisch) oder seitwärts (neutral) verlaufen. Die Identifizierung des aktuellen Markttrends ist ein zentraler Aspekt der technischen Analyse, da sie Händlern helfen kann, zu entscheiden, ob sie kaufen (in einem Aufwärtstrend), verkaufen (in einem Abwärtstrend) oder warten (in einem Seitwärtstrend).

Umkehrmuster deuten darauf hin, dass ein aktueller Trend wahrscheinlich enden und umkehren wird. Diese Muster treten auf, wenn der Kurs eine bestimmte Abfolge von Hochs und Tiefs bildet, die auf eine bevorstehende Trendumkehr hindeuten. Beispiele für Umkehrmuster sind das Kopf-Schulter-Muster und das Double-Top-Muster. Diese Muster können Händlern helfen, potenzielle Verkaufsgelegenheiten in einem Aufwärtstrend oder Kaufgelegenheiten in einem Abwärtstrend zu erkennen.Bei Fortsetzungsmustern setzt sich ein aktueller Trend mit einiger Wahrscheinlichkeit fort. Diese Muster treten auf, wenn der Preis eine kurze Pause einlegt, bevor er seinen ursprünglichen Trend wieder aufnimmt. Beispiele für Fortsetzungsmuster sind das Flaggenmuster und das Dreiecksmuster. Diese Muster können Händlern helfen, potenzielle Kaufgelegenheiten in einem Aufwärtstrend oder Verkaufsgelegenheiten in einem Abwärtstrend zu identifizieren.

Das Erkennen und Analysieren von Chartmustern ist ein Kernbestandteil der technischen Analyse und kann Händlern helfen, fundierte Prognosen für Kursentwicklungen zu bekommen.

BITCOIN ERFOLG Ein Guide für Krypto-Fans

3.3 Fundamentalanalyse

Die Fundamentalanalyse dient der Bewertung eines Vermögenswerts. Sie zielt darauf ab, seinen inneren Wert zu bestimmen, indem die zugrunde liegenden Faktoren untersucht werden, die seinen Preis beeinflussen könnten. Im Gegensatz zur technischen Analyse, die sich auf Preis- und Volumendaten konzentriert, berücksichtigt die Fundamentalanalyse eine Vielzahl von Faktoren, darunter wirtschaftliche, finanzielle und andere qualitative und quantitative Informationen. Im Zusammenhang mit Bitcoin und anderen Kryptowährungen umfasst die Fundamentalanalyse die Untersuchung von Faktoren wie Angebot und Nachfrage von Bitcoin, zugrunde liegende technologische Innovationen, regulatorische Landschaft, makroökonomische Bedingungen und andere relevante Informationen.

3.3.1 Bitcoin-Angebot und -Nachfrage

Angebot und Nachfrage von Bitcoin sind Schlüsselfaktoren, die den Preis beeinflussen. Das Angebot von Bitcoin ist auf 21 Millionen Coins begrenzt, und dieses Limit ist in den Code von Bitcoin integriert. Die Anzahl der neuen Bitcoins, die durch den Mining-Prozess generiert werden, halbiert sich etwa alle vier Jahre, was als "Halving" bekannt ist. Diese vorhersehbare Verringerung des Angebots kann zu Preiserhöhungen führen, wenn die Nachfrage nach Bitcoin konstant bleibt oder steigt.

Bei der Nachfrage nach Bitcoin spielen verschiedene Aspekte eine Rolle. Etwa die Akzeptanz von Bitcoin durch Händler und Verbraucher, das regulatorische Umfeld, die Stabilität des traditionellen Finanzsystems und die allgemeine öffentliche Meinung und das Interesse an Kryptowährungen.

3.3.2 Makroökonomische Faktoren

BITCOIN ERFOLG Ein Guide für Krypto-Fans

Auch makroökonomische Faktoren spielen bei der Preisgestaltung von Bitcoin eine wichtige Rolle. Dazu gehören Faktoren wie Inflationsraten, Zinssätze, politische Stabilität und Wirtschaftsleistung. Zum Beispiel kann eine hohe Inflation in einer traditionellen Währung dazu führen, dass mehr Menschen Bitcoin als Wertaufbewahrungsmittel verwenden, was die Nachfrage nach Bitcoin erhöhen und seinen Preis steigen lassen kann.

3.3.3 Netzwerkeffekte und das Metcalfesche Gesetz

Netzwerkeffekte treten dann auf, wenn der Wert eines Produkts oder einer Dienstleistung mit der Anzahl seiner Nutzer steigt. Im Fall von Bitcoin bedeutet dies: Je mehr Menschen Bitcoin nutzen und akzeptieren, desto wertvoller wird es. Dies ist ein Beispiel für positives Netzwerk-Feedback, bei dem das Wachstum eines Netzwerks zu einer weiteren Verbreitung führt, was wiederum das Wachstum vorantreibt.

Das Metcalfesche Gesetz ist eine Faustregel, die besagt, dass der Wert eines Netzwerks im Quadrat der Anzahl seiner Teilnehmer steigt. Es wurde von Robert Metcalfe, dem Erfinder des Ethernets, aufgestellt. Übertragen auf Bitcoin bedeutet dies, dass der Wert von Bitcoin exponentiell steigen könnte, wenn die Zahl der Bitcoin-Nutzer steigt. Dies könnte erklären, warum der Preis von Bitcoin in Zeiten schnellen Nutzerwachstums tendenziell stark ansteigt.

Kapitel 4

Bitcoin Handelsstrategien

4.1 Langfristige Spekulation

Langfristige Spekulation bezieht sich auf Anlagestrategien, die auf langfristigen Kursbewegungen basieren, die oft über Monate oder sogar Jahre gehalten werden. Im Kontext von Bitcoin können diese Strategien vom einfachen Halten (oder "HODLing") von Bitcoin bis hin zu komplexeren Ansätzen wie dem Positionshandel und der Dollar-Cost-Averaging-Strategie reichen.

4.1.1 HODLing

HODLing ist eine der bekanntesten Strategien in der Krypto Welt. Ursprünglich aus einem Tippfehler in einem Bitcoin-Forum entstanden, hat sich der Begriff "HODL" (ein Akronym für "Hold On for Dear Life") zu einer weit verbreiteten Strategie entwickelt. HODLer kaufen Bitcoin und halten es langfristig, unabhängig von den kurzfristigen Marktschwankungen. Sie glauben an das langfristige Potenzial von Bitcoin und sind bereit, kurzfristige Verluste in Kauf zu nehmen. Ein Beispiel für HODLing wäre jemand, der Bitcoin im Jahr 2011 gekauft und trotz mehrerer erheblicher Marktabschwünge gehalten hat. Heute wäre dieser HODLer wahrscheinlich sehr profitabel.

4.1.2 Positionshandel

Der Positionshandel ist eine Strategie, die sich auf langfristige Marktbewegungen konzentriert. Positionshändler halten ihre Positionen oft monate- oder sogar jahrelang und versuchen, von großen, langfristigen Marktbewegungen zu profitieren. Zum Beispiel könnte ein Positionshändler Bitcoin kaufen, wenn er glaubt, dass der Preis aufgrund einer erhöhten Akzeptanz, technologischer Verbesserungen oder positiver regulatorischer Änderungen steigen wird. Sie würden dann ihre Position halten, bis ihre Analyse darauf hindeutet, dass sich der Trend umkehren könnte.

4.1.3 Dollar-Cost-Averaging

Hier investiert der Anleger regelmäßig einen festen Betrag in einen Vermögenswert investiert, unabhängig von seinem Preis. Zum Beispiel könnte ein Bitcoin-Investor beschließen, jeden Monat 100 US-Dollar in Bitcoin zu investieren, wobei für ihn dabei aktuelle Preisbewegungen keine Rolle spiele. Diese Strategie kann dazu beitragen, das Risiko von Market Timing zu verringern und kann dazu führen, dass der durchschnittliche Kaufpreis im Laufe der Zeit niedriger wird. Ein Beispiel für DCA wäre ein Investor, der seit 2015 jeden Monat 100 US-Dollar in Bitcoin investiert hat. Trotz mehrerer deutlichen Kursrückgänge dürfte dieser Investor heute profitabel sein.

4.1.4 Kaufen und Halten

Buy and Hold ist eine klassische Anlagestrategie, die häufig bei Bitcoin und anderen Kryptowährungen zum Einsatz kommt. Ähnlich wie beim HODLing geht es beim Kaufen und Halten von Bitcoin darum, Bitcoin zu kaufen und über einen längeren Zeitraum zu halten, unabhängig von kurzfristigen Preisbewegungen. Man geht davon aus, dass der Preis von Bitcoin im Laufe der Zeit steigen wird, trotz der kurzfristigen Volatilität.

BITCOIN ERFOLG Ein Guide für Krypto-Fans

4.1.5 Langfristiges Staking

Staking ist der Prozess, bei dem eine bestimmte Menge an Kryptowährung in einer digitalen Brieftasche gehalten wird, um die Netzwerksicherheit und -verifizierung zu bekräftigen. Dies wird belohnt. Dies kann ein effektiver Weg sein, um passives Einkommen zu erzielen und gleichzeitig eine langfristige Position zu halten. Ein Beispiel für langfristiges Staking wäre ein Investor, der Ethereum in seiner Wallet hält und einsetzt, um regelmäßige Belohnungen in Form neuer Ethereum-Coins zu erhalten.

4.1.6 Diversifizierung

Diversifizierung ist eine Schlüsselstrategie in jedem langfristigen Anlageplan, und Bitcoin ist nicht anders. Anstatt alle Investitionen in Bitcoin zu tätigen, könnte ein Anleger beschließen, sein Portfolio zu diversifizieren, um auch andere Kryptowährungen, Aktien, Anleihen und andere Vermögenswerte zu halten. Stichwort „Risikostreuung". Ein Beispiel für Diversifizierung wäre ein Anleger, der neben Bitcoin auch Ethereum, Litecoin und Ripple sowie einige traditionelle Vermögenswerte wie Aktien und Anleihen hält.

4.1.7 Value Investing

BITCOIN ERFOLG Ein Guide für Krypto-Fans

Hier suchen Anleger nach Vermögenswerten, die sie für unterbewertet halten, in der Hoffnung, dass der Markt schließlich ihren wahren Wert erkennt. Auf Bitcoin bezogen heißt das, Bitcoin während eines Marktabschwungs zu kaufen, wenn der Preis niedrig ist, mit der Erwartung, dass der Preis langfristig wieder steigen wird

4.1.8 Trendfolge

Man will von bestehenden Aufwärts- oder Abwärtstrends auf dem Markt zu profitieren. Wenn der Preis von Bitcoin beispielsweise einen stetigen Aufwärtstrend zeigt, könnten Trendfolger beschließen, Bitcoin zu kaufen und zu halten, bis Anzeichen einer Trendumkehr zu sehen sind.

4.1.9 Konträres Investieren

Kaufen, wenn andere verkaufen und umgekehrt. Eben entgegen der vorherrschenden Marktstimmung, quasi antizyklisch, unterwegs sein.

4.1.10 Fundamentales Investieren

Man investiert auf Grundlage der Fundamentaldaten eines Vermögenswerts. Im Fall von Bitcoin könnten diese Fundamentaldaten Faktoren wie die allgemeine Akzeptanz von Bitcoin, regulatorische Entwicklungen, technologische Fortschritte und andere relevante Nachrichten und Informationen umfassen. Fundamentale Investoren kaufen Bitcoin oft, wenn sie glauben, dass diese Fundamentaldaten darauf hindeuten, dass der Preis von Bitcoin in Zukunft steigen wird.

4.1.11 Swing-Handel

Swing-Trading ist eine Handelsstrategie, die sich auf mittelfristige Preisbewegungen konzentriert. Hier werden Positionen länger gehalten. Im Gegensatz zu Daytradern, die ihre Positionen innerhalb eines einzigen Handelstages eröffnen und schließen. Sie versuchen, von den natürlichen "Schwankungen" oder Preisbewegungen eines Marktes zu profitieren. Swingtrader verwenden häufig technische Analysetools wie Trendlinien, Unterstützungs- und Widerstandsniveaus und technische Indikatoren, um potenzielle Ein- und Ausstiegspunkte zu identifizieren.

BITCOIN ERFOLG Ein Guide für Krypto-Fans

Ein Swingtrader könnte Bitcoin kaufen, wenn der Preis nach einem Rückgang ein Unterstützungsniveau erreicht und zu steigen beginnt. Sie würden dann ihre Position halten, bis der Preis ein Widerstandsniveau erreicht und zu fallen beginnt, woraufhin sie ihre Position schließen und ihre Gewinne sichern würden.

Vorteile des Swing-Tradings

Potenzial für signifikante Gewinne:

Swing Trader haben die Möglichkeit, von größeren Kursbewegungen zu profitieren, da sie Positionen über einen längeren Zeitraum halten. Dies kann zu erheblichen Gewinnen führen, insbesondere in einem volatilen Markt wie Bitcoin. Im Vergleich zu Daytradern, die auf kleinere Intraday-Preisbewegungen abzielen, können Swingtrader von größeren, mehrtägigen Preisbewegungen profitieren.

Weniger zeitaufwändig:

Im Vergleich zum Daytrading erfordert das Swing-Trading eine weniger konstante Marktüberwachung. Dies kann es zu einer attraktiveren Option für diejenigen machen, die nicht die Zeit oder schlicht und einfach keinen Bock haben, den Markt ständig zu überwachen. Swingtrader können ihre Strategie oft zu Beginn des Tages festlegen und dann den Markt im Laufe des Tages weniger intensiv beobachten.

Flexibilität:

Swing-Trading kann unter verschiedenen Marktbedingungen profitabel sein. Swingtrader können sowohl in einem Markt der bullish (Kurse steigen) als auch in bearish (Kurse fallen) ist, Gewinne erzielen, indem sie Long- oder Short-Positionen eingehen. Dies gibt ihnen die Flexibilität, sich an veränderte Marktbedingungen anzupassen.

Nachteile des Swing-Tradings

Risiko über Nacht:

BITCOIN ERFOLG Ein Guide für Krypto-Fans

Swingtrader sind dem Risiko erheblicher Preisbewegungen ausgesetzt, die auftreten können, wenn sie den Markt nicht beobachten, z. B. über Nacht oder über das Wochenende. Dies kann zu unerwarteten Verlusten führen. Während Daytrader dieses Risiko vermeiden, indem sie ihre Positionen am Ende des Handelstages schließen, müssen Swingtrader dieses Risiko in ihre Handelsstrategie einbeziehen.

Höhere Kapitalanforderungen:

Swing-Trading kann höhere Kapitalanforderungen haben als andere Handelsstrategien. Wenn die Haltedauer einer Position längerfristig orientiert ist, benötigen Swingtrader möglicherweise mehr Kapital, um ihre Positionen zu finanzieren und das Risiko von Preisbewegungen zu managen. Dies kann es für einige Händler schwieriger machen, Swing Trading zu betreiben, insbesondere wenn sie nicht über ein großes Handelskapital verfügen.

Marktrisiko:

Wie bei jeder Handelsstrategie birgt auch das Swing-Trading das Risiko von Marktschwankungen. Preisbewegungen können unvorhersehbar sein. Durch verschiedene Vorkommnisse beeinflussbar.

BITCOIN ERFOLG Ein Guide für Krypto-Fans

Darunter Wirtschaftsnachrichten, regulatorische Änderungen und die Marktstimmung. Daher ist es für Swingtrader wichtig, eine gründliche Marktanalyse durchzuführen und geeignete Risikomanagementstrategien anzuwenden. Man muss sich klar machen bzw. damit gut klarkommen, Verlusten ins Auge zu sehen, wenn sich der Markt anders bewegt als angenommen.

4.1.12 Derivatehandel

Bei Derivaten gibt es einen Basiswert. Im Zusammenhang mit Bitcoin können diese Basiswerte Bitcoin selbst oder andere Kryptowährungen sein. Derivate ermöglichen es Händlern, auf die Preisbewegungen von Bitcoin zu spekulieren. Man muss Bitcoin dafür nicht mal besitzen.

Es gibt verschiedene Arten von Derivaten, die im Bitcoin-Handel verwendet werden können, darunter **Futures, Optionen und Swaps sowie CFDs**. Jedes dieser Instrumente funktioniert auf eine etwas andere Art und Weise und bietet Händlern unterschiedliche Möglichkeiten, auf die Preisbewegungen von Bitcoin zu spekulieren.

Zunächst ein kurzer Überblick, um eine Basis und damit ein besseres Verständnis dieser Instrumente zu erwerben. Im Anschluss daran werden wir noch etwas genauer auf jene Finanzinstrumente eingehen:

BITCOIN ERFOLG Ein Guide für Krypto-Fans

Futures sind Verträge, die einen Händler verpflichten, eine bestimmte Menge Bitcoin zu einem bestimmten Preis und Datum in der Zukunft zu erwerben oder zu veräußern. Futures können verwendet werden, um auf zukünftige Preisbewegungen zu spekulieren oder sich gegen mögliche Preisbewegungen abzusichern.

Bei **Optionen** hat ein Händler das Recht, ist aber nicht verpflichtet, eine bestimmte Menge Bitcoin zu einem bestimmten Preis bzw. zukünftigen Datum zu kaufen oder zu verkaufen. Dieses Recht wird gegen eine Gebühr, die als "Prämie" bezeichnet wird, erworben. Optionen können verwendet werden, um auf Kursbewegungen zu spekulieren, Erträge zu generieren oder sich gegen Kursbewegungen abzusichern.

Swaps ermöglicht es zwei Parteien, Vermögenswerte oder Cashflows auszutauschen. Bei Bitcoins könnten Swaps verwendet werden, um das Risiko von Preisbewegungen zu steuern oder auf Preisbewegungen zu spekulieren.

BITCOIN ERFOLG Ein Guide für Krypto-Fans

Der Derivatehandel kann komplex sein und erfordert ein gutes Verständnis der zugrunde liegenden Vermögenswerte und der Funktionsweise der Derivate. Es besteht ein hohes Risiko, wegen der Hebelwirkung vieler Derivate, was bedeutet, dass Händler mit mehr Geld handeln können, ohne es zu haben. Dies kann zu hohen Gewinnen bzw. unkalkulierbaren Verlusten führen, wenn sich der Markt gegen den Händler bewegt.

Trotz der Risiken kann der Derivatehandel eine effektive Möglichkeit für erfahrene und risikobewusste Händler sein, auf die Preisbewegungen von Bitcoin zu spekulieren oder sich gegen sie abzusichern. Es ist jedoch wichtig, dass Händler, die in den Derivatehandel einsteigen, eine gründliche Due Diligence durchführen.

CFD-Handel

Differenzkontrakte (CFDs = Contracts for Difference) sind eine weitere Art von Derivaten, die im Bitcoin-Handel verwendet werden können. CFDs sind Verträge zwischen zwei Parteien. Der Verkäufer zahlt dem Käufer den Differenzbetrag zwischen dem aktuellen Wert des Vermögenswerts und seinem Wert zum Zeitpunkt des Vertragsabschlusses. Wenn der Verkäufer einen Verlust macht, zahlt der Käufer an den Verkäufer.

Im Kontext von Bitcoin bedeutet dies, dass Händler mit CFDs auf Preisunterschiede Bitcoin spekulieren können, ohne physischen Besitz. Dies kann den Einstieg in den Bitcoin-Handel einfacher und schneller machen, da Händler nicht die Infrastruktur benötigen, die für den sicheren Kauf und die sichere Aufbewahrung von Bitcoin erforderlich ist.

Der CFD-Handel birgt jedoch auch Risiken. Wegen der Hebelwirkung können Händler mit mehr Geld handeln, als sie tatsächlich besitzen. Das beinhaltet, wie erwähnt, die Möglichkeit hoher Gewinne als auch Verluste.

Margin Calls im Derivatehandel

Ein Margin Call tritt auf, wenn der Wert des Kontos eines Händlers unter einen bestimmten Schwellenwert fällt, der als "Margin-Anforderung" bezeichnet wird. Wenn ein Margin Call ausgelöst wird, muss der Händler entweder zusätzliches Geld auf sein Konto einzahlen oder einige seiner Positionen schließen, um die Margin-Anforderung zu erfüllen.

Ein Margin Call könnte ausgelöst werden, wenn der Preis von Bitcoin stark fällt und ein Händler eine gehebelte Long-Position hält. In diesem Fall könnte der Händler gezwungen sein, zusätzliches Geld auf sein Konto einzuzahlen oder seine Position zu schließen, um einen Margin Call zu vermeiden.

Margin Calls können natürlich auch zu erheblichen Verlusten führen, insbesondere in volatilen Märkten wie Bitcoin. Daher ist es wichtig, dass Händler, die mit gehebelten Derivaten handeln, ein effektives Risikomanagement betreiben und sicherstellen, dass sie über genügend Kapital verfügen, um mögliche Nachschussforderungen abzudecken.

Dies mag eben ein notwendiger kurzer Überblick über Derivate beim Bitcoin Handel gewesen sein.

Es geht um viel Geld, daher wollen wir uns die eben genannten Instrumente jetzt noch etwas genauer anschauen.

Futures und Optionen

a) Futures im Bitcoin-Handel

Futures sind zweifellos ein faszinierendes und komplexes Finanzinstrument innerhalb des Bitcoin-Handels, das für Händler und Investoren eine entscheidende Rolle spielt. Mit der Möglichkeit, auf die zukünftigen Preisbewegungen von Bitcoin zu spekulieren, gibt es zahlreiche Chancen, aber auch Herausforderungen, die sorgfältig bewertet werden müssen. Wollen Sie den Bitcoin-Preis in der Zukunft festlegen? Mit Futures können Sie das!

Futures sind Finanzinstrumente, mit denen Sie den Preis von Bitcoin in der Zukunft festlegen können. Das ist wie eine Wette darauf, wie hoch der Bitcoin-Preis in ein paar Wochen oder Monaten sein wird.

Im Gegensatz zu Optionen, bei denen Sie nur das Recht haben, Bitcoin zu einem bestimmten Preis zu kaufen oder zu verkaufen, sind Futures bindende Verträge. Die Crux dabei ist, dass Sie am Fälligkeitstag entweder Bitcoin zu dem vereinbarten Preis kaufen oder verkaufen müssen, unabhängig davon, ob der Preis in der Zwischenzeit gefallen oder gestiegen ist.Diese Verpflichtung kann für beide Seiten, Käufer/Verkäufer recht tricky sein. Käufer müssen sich darauf einstellen, dass der Bitcoin-Preis steigen könnte, und Verkäufer müssen sich darauf einstellen, dass der Bitcoin-Preis fallen könnte. Man geht das Risiko ein die Prämie zu verlieren.Lassen Sie uns das Szenario eines Bitcoin-Miners verfolgen, der erwartet, in drei Monaten 1 Bitcoin zu schürfen. Angesichts der Volatilität des Bitcoin-Marktes könnte er befürchten, dass der Preis in dieser Zeit fallen könnte. Um sich gegen dieses Risiko abzusichern, könnte er einen Futures-Kontrakt abschließen, der ihm das Recht gibt, sein zukünftiger geschürfter Bitcoin innerhalb von drei Monaten zu verkaufen.

Der Preis ist dabei vorher festgelegt. Nehmen wir an, der aktuelle Preis von Bitcoin liegt bei 30.000 US-Dollar (heute beim Schreiben dieser Zeilen liegt er bei knapp 28.000 USD), und er schließt einen Futures-Kontrakt ab, der ihm das Recht gibt, sein Bitcoin innerhalb von drei Monaten für 35.000 US-Dollar zu verkaufen. Wenn der Preis von Bitcoin in drei Monaten auf 20.000 USD fällt, könnte er seinen Bitcoin immer noch für 35.000 USD verkaufen, da er einen Futures-Kontrakt hat. Dies würde ihm einen Gewinn von 5.000 USD abzüglich der Kosten für den Futures-Kontrakt einbringen. In diesem Szenario hat der Miner das Preisrisiko eliminiert und seine Erwartungen bestätigt.

Auf der anderen Seite könnte es einen Bitcoin-Händler geben, der erwartet, dass der Preis von Bitcoin in drei Monaten steigen wird. Dieser Händler könnte den Futures-Kontrakt kaufen und sich das Recht sichern, Bitcoin innerhalb von drei Monaten zu einem festgelegten Preis zu kaufen. Nehmen wir an, der Händler kauft einen Futures-Kontrakt, der ihm das Recht gibt, Bitcoin in drei Monaten für 35.000 US-Dollar zu kaufen. Wenn der Preis von Bitcoin in drei Monaten tatsächlich auf 40.000 US-Dollar steigt, kann der Händler seinen Bitcoin zum niedrigeren, festgelegten Preis von 35.000 US-Dollar kaufen und sie dann zum höheren Marktpreis von 40.000 US-Dollar verkaufen, um einen Gewinn von 5.000 US-Dollar abzüglich der Kosten für den Futures-Kontrakt zu erzielen. Wie bereits erwähnt, können Futures nicht nur von tatsächlichen Bitcoin-Minern oder -Händlern verwendet werden, sondern auch von Spekulanten, die nicht beabsichtigen, Bitcoin physisch zu kaufen oder zu verkaufen und schlagen dennoch ihren Profit aus der Volatilität des Bitcoins.

Auch hier sind wieder große Gewinne als auch Verluste drin. Selbstredend benötigt man bei all diesen hochspekulativen Finanzinstrumenten ein gutes Risikomanagement, wozu meiner Meinung nach die Psychologie eine große Rolle spielt. Möglichst emotionslos sein wäre vorteilhaft. Die Devise ist: „Kühlen Kopf bewahren". Gutes Selbstmanagement.Trading mit Bitcoin-Futures erfordert daher gründliche Kenntnisse der technischen Analyse und der Marktindikatoren, ähnlich wie bei Optionen. Trader müssen in der Lage sein, Chartmuster zu erkennen und zu interpretieren, die Marktstimmung zu verstehen und technische Indikatoren zu verwenden, um Ein- und Ausstiegspunkte zu identifizieren. Die Fähigkeit, angemessen auf sich ändernde Marktbedingungen zu reagieren, ist entscheidend für den Erfolg im Futures-Handel.

Darüber hinaus sollten sich Händler darüber im Klaren sein, dass der Handel mit Bitcoin-Futures eine andere Dynamik und ein anderes Risikoprofil aufweist als der Handel mit Spot-Bitcoin, sprich Handel zum aktuellen Preis. Während der Spot-Handel den direkten Besitz von Bitcoin beinhaltet und die Preisbewegungen direkt widerspiegelt, kann der Futures-Handel durch Faktoren wie den Zeitwert des Futures-Kontrakts und die Marktentwicklung beeinflusst werden. Dies erfordert eine zusätzliche Ebene der Analyse und Überlegung, um fundierte Entscheidungen zu treffen.Ein weiteres wichtiges Thema im Zusammenhang mit Bitcoin-Futures ist die Bedeutung der Marktliquidität. Ein liquider Markt erleichtert den Handel und bietet engere Spreads zwischen Kauf- und Verkaufspreisen. Händler sollten immer den Liquiditätsstatus eines Futures-Kontrakts überprüfen, bevor sie einen Handel eingehen, da illiquide Märkte ein höheres Risiko für unerwartete Preisbewegungen und Schwierigkeiten beim Schließen von Positionen bergen.

Im Jahr 2017 erreichte der Bitcoin-Futures-Handel einen bedeutenden Meilenstein, als die Chicago Mercantile Exchange (CME) und die Chicago Board Options Exchange (CBOE) ihre Futures-Produkte auf den Markt brachten. Dies war ein entscheidender Moment für Bitcoin und die Kryptowährungsbranche als Ganzes, da es das erste Mal war, dass traditionelle Finanzinstitute Bitcoin-Derivate anboten. Dieser Schritt ermöglichte es institutionellen Anlegern und Händlern, sich am Kryptowährungsmarkt zu beteiligen, und trug zur weiteren Akzeptanz und Reifung von Bitcoin als Anlageklasse bei. Trotz der wachsenden Akzeptanz von Bitcoin-Futures ist es wichtig zu erkennen, dass der Handel mit diesen Derivaten nicht jedermanns Sache ist. Der Umgang mit Futures erfordert ein hohes Maß an Verständnis der zugrunde liegenden Marktmechanismen und Risiken. Ein umfassendes Wissen über das Bitcoin-Ökosystem, die Technologie dahinter und die zugrunde liegenden Grundlagen ist entscheidend.

Ein wichtiger Punkt, den Händler beachten sollten, ist die Möglichkeit der Preismanipulation auf dem Futures-Markt. Da dieser Markt im Vergleich zum Spotmarkt weniger reguliert ist und das Volumen potenziell von wenigen großen Playern dominiert werden kann, besteht die Gefahr, dass die Preise kurzfristig durch große Kauf- oder Verkaufsaufträge beeinflusst werden. Händler sollten sich dieser Möglichkeit bewusst sein und geeignete Vorkehrungen treffen, um das Risiko einer solchen Manipulation zu minimieren.

Um erfolgreich mit Bitcoin-Futures handeln zu können, ist es ratsam, sich kontinuierlich weiterzubilden und mit erfahrenen Händlern zusammenzuarbeiten. Das Verständnis von Marktanalysen, technischen Indikatoren und Handelsstrategien ist entscheidend, um profitable Trades zu tätigen. Trader sollten auch in der Lage sein, ihre Emotionen zu kontrollieren und diszipliniert zu handeln, da impulsives Verhalten zu erheblichen Verlusten führen kann.

Zusammenfassend lässt sich sagen, dass Bitcoin-Futures eine faszinierende Möglichkeit sind, von den Preisbewegungen von Bitcoin zu profitieren und gleichzeitig das Risiko zu managen. Der Handel mit diesen Derivaten ist jedoch nicht ohne Risiken und erfordert eine gründliche Vorbereitung, sorgfältige Analyse und ein effektives Risikomanagement. Mit dem richtigen Ansatz und dem nötigen Wissen können Händler jedoch die Möglichkeiten des Futures-Handels nutzen und ihre Anlageziele im Bitcoin-Ökosystem erreichen. Es liegt an jedem einzelnen Trader, diese Chancen zu nutzen und verantwortungsvoll mit den Herausforderungen des Futures-Handels umzugehen, um in der spannenden Welt von Bitcoin langfristig erfolgreich zu sein.

b) Optionen im Bitcoin-Handel:

Optionen sind, wie oben bereits kurz erwähnt, ein faszinierendes und vielseitiges Finanzinstrument, das in der Welt des Bitcoin-Handels eine wichtige Rolle spielt. Sie bieten Händlern die Möglichkeit, auf die zukünftigen Preisbewegungen von Bitcoin zu spekulieren. Man muss sie nicht mal haben.

Es gibt Call-Optionen und Put-Optionen.

Call-Option: Käufer kauft zu einem festgelegten Preis und Zeitpunkt.

Put-Option: Käufer verkauft Bitcoin zu einem festgelegten Preis und Zeitpunkt. Wobei man Option ausüben kann, aber nicht muss.

Stellen Sie sich vor, Sie sind ein Bitcoin-Händler und glauben, dass der Preis von Bitcoin in den nächsten drei Monaten steigen wird. Um von dieser Preisbewegung zu profitieren, können Sie eine Call-Option kaufen. Nehmen wir an, der aktuelle Preis von Bitcoin liegt bei 50.000 US-Dollar, und Sie kaufen eine Call-Option mit einem festgelegten Preis von 25.000 US-Dollar und einer Laufzeit von drei Monaten. Wenn der Preis von Bitcoin in drei Monaten auf 30.000 US-Dollar steigt, können Sie Ihre Option ausüben und Bitcoin zum niedrigeren, festgelegten Preis von 25.000 US-Dollar kaufen. Sie könnten Ihren Bitcoin dann sofort zum höheren Marktpreis von 30.000 US-Dollar verkaufen, um einen Gewinn von 5.000 US-Dollar abzüglich der Kosten für die Option zu erzielen.

Auf der anderen Seite des Handels könnte ein Bitcoin-Händler stehen, der erwartet, dass der Bitcoin-Preis in drei Monaten fallen wird. Dieser Händler könnte eine Put-Option kaufen. Nehmen wir an, der Händler kauft eine Put-Option mit einem Ausübungspreis von 30.000 USD und einer Laufzeit von drei Monaten. Wenn der Preis von Bitcoin innerhalb von drei Monaten auf 25.000 US-Dollar fällt, kann der Händler seine Option ausüben und Bitcoin zum höheren, festgelegten Preis von 30.000 US-Dollar verkaufen, um einen Gewinn zu erzielen, abzüglich der Kosten der Option.

Ein berühmtes Beispiel für die Verwendung von Bitcoin-Optionen stammt aus dem Jahr 2020, als die Chicago Mercantile Exchange (CME) erstmals Bitcoin-Optionen auf ihren Plattformen anbot. Dies war ein bedeutender Meilenstein für Bitcoin, da es das erste Mal war, dass ein traditionelles Finanzinstitut ein Bitcoin-bezogenes Produkt anbot.

Zusätzlich sollten Händler auch die verschiedenen Strategien berücksichtigen, die mit dem Handel von Bitcoin-Optionen verbunden sind. Zum Beispiel gibt es die "Covered Call"-Strategie, bei der ein Händler Bitcoin besitzt und gleichzeitig eine Call-Option verkauft, um Prämien zu kassieren und das Risiko eines Kursverfalls zu mindern. Auf der anderen Seite gibt es die "Straddle"-Strategie, bei der ein Händler sowohl eine Call-als auch eine Put-Option zum gleichen Ausübungspreis und mit demselben Verfallsdatum kauft. Diese Strategie ermöglicht es dem Händler, von starken Preisbewegungen in beide Richtungen seine Vorteile zu ziehen.

Ein weiterer wichtiger Aspekt des Optionshandels ist die Wahl des richtigen Zeitpunkts für den Kauf oder Verkauf einer Option. Bitcoin-Händler müssen die Volatilität des Marktes und die erwartete Preisbewegung berücksichtigen, um ihre Entscheidungen zu treffen. Marktanalysen, Nachrichtenereignisse und technische Indikatoren können hilfreich sein, um fundierte Handelsentscheidungen zu treffen.

Nicht müde werde ich zu betonen, dass der Handel mit Bitcoin-Optionen kein "schnell reich werden"-Programm ist. Der Erfolg im Optionshandel erfordert Zeit, Geduld, Lernbereitschaft und ständige Verbesserung der Handelsstrategien. Es ist ratsam, mit kleinen Positionen zu beginnen und Ihre Fähigkeiten schrittweise zu entwickeln, bevor Sie größere Beträge riskieren.

c) Swaps im Bitcoin-Handel

Swaps sind eine Art von Derivat, das in der Welt des Bitcoin-Handels eine wichtige Rolle spielt. Dabei handelt es sich im Wesentlichen um Finanzverträge, bei denen sich zwei Parteien darauf einigen, bestimmte Finanzinstrumente oder Zahlungsströme zu bestimmten Zeiten auszutauschen. Im Rahmen des Bitcoin-Handels kann beispielsweise ein Swap zwischen einer festen und einer variablen Zinszahlung oder zwischen der Rendite einer Bitcoin-Investition und der Rendite eines anderen Vermögenswerts ausgetauscht werden.

Stellen Sie sich vor, Sie sind ein Bitcoin-Händler und glauben, dass der Preis von Bitcoin in den nächsten sechs Monaten steigen wird. Sie könnten einen Swap-Vertrag mit einem anderen Händler abschließen, der glaubt, dass der Preis von Bitcoin fallen wird. In diesem Vertrag könnten Sie vereinbaren, dass Sie eine feste Zahlung an den anderen Händler leisten und im Gegenzug die Rendite einer Bitcoin-Investition erhalten. Wenn der Preis von Bitcoin wie erwartet steigt, würden Sie von der höheren Rendite der Bitcoin-Investition profitieren. Wenn der Preis von Bitcoin jedoch fällt, würden Sie Verluste erleiden.

Lassen Sie uns dies anhand eines konkreten Beispiels verdeutlichen. Angenommen, Sie schließen einen Swap-Vertrag mit einem anderen Händler ab, in dem Sie sich verpflichten, ihm jeden Monat 1000 US-Dollar zu zahlen und im Gegenzug die Rendite einer Bitcoin-Investition in Höhe von 1000 US-Dollar zu erhalten. Wenn der Preis von Bitcoin im nächsten Monat um 10% steigt, würde sich Ihre Bitcoin-Investition auf 1100 $ erhöhen und Sie würden einen Gewinn von 100 $ erzielen (abzüglich der 1000 $, die Sie dem anderen Händler gezahlt haben). Wenn der Preis von Bitcoin jedoch um 10 % fällt, würde Ihre Bitcoin-Investition auf 900 $ sinken und Sie würden einen Verlust von 100 $ erleiden (zusätzlich zu den 1000 $, die Sie an den anderen Händler gezahlt haben).

Swaps können auch zur Absicherung von Risiken eingesetzt werden. Angenommen, Sie besitzen eine große Menge an Bitcoin und machen sich Sorgen über mögliche Preisrückgänge. Sie können einen Swap-Kontrakt abschließen, um sich gegen dieses Risiko abzusichern. In diesem Vertrag könnten Sie vereinbaren, die Rendite Ihrer Bitcoin-Investition gegen eine feste Zahlung einzutauschen. Wenn der Preis von Bitcoin fällt, würde die feste Zahlung dazu beitragen, Ihre Verluste auszugleichen.

BITCOIN ERFOLG Ein Guide für Krypto-Fans

Ein weiteres Beispiel für die Verwendung von Swaps im Bitcoin-Handel ist der sogenannte "Perpetual Swap". Ein Perpetual Swap ist eine spezielle Art von Futures-Kontrakten, die kein Verfallsdatum haben und daher "für immer" gehandelt werden können. Perpetual Swaps sind in der Krypto Welt besonders beliebt. Klingt doch gut, Spekulieren und sich keine Gedanken über das Ablaufdatum des Vertrags machen müssen.

Ein berühmtes Beispiel für die Verwendung von Bitcoin-Swaps stammt aus dem Jahr 2018, als die Krypto Börse BitMEX den ersten Bitcoin-Perpetual-Swap auf den Markt brachte. Dieses Produkt wurde schnell zu einem der beliebtesten Handelsinstrumente auf der Plattform.

Natürlich ist auch hier wieder die Vorsicht die Mutter der Porzellankiste. Dieses Instrument ist schon risikoreich. Aber mit der Chance zu hohen Profiten.

d) CFD-Handel (Contracts for Difference)

CFD steht für "Contract for Difference".

Stellen Sie sich vor, Sie sind ein neuer Trader und sind fasziniert von der Welt der Kryptowährungen. Sie haben von den unglaublichen Gewinnen gehört. Sie sind neugierig, es selbst auszuprobieren. Aber es gibt ein Problem: Sie haben nicht genug Geld, um einen ganzen Bitcoin zu kaufen, und Sie sind sich auch nicht sicher, ob Sie bereit sind, das Risiko einzugehen, einen so volatilen Vermögenswert zu besitzen.

Alles easy peasy. Denn hier kommen CFDs ins Spiel. CFDs ermöglichen es Ihnen, einen Vertrag mit einem Broker abzuschließen, in dem Sie sich verpflichten, die Differenz zwischen dem Preis von Bitcoin zum Zeitpunkt der Vertragsunterzeichnung und dem Preis von Bitcoin zum Zeitpunkt der Vertragsbeendigung auszutauschen. Man setzt auf einen "Long"-CFD, wenn man meint der Preis steigt. Umgekehrt auf einen „Short"-CFD, wenn man der Ansicht ist, der Preis fällt.

Lassen Sie uns dies anhand eines konkreten Beispiels verdeutlichen. Angenommen, der Preis von Bitcoin liegt derzeit bei 10.000 US-Dollar und Sie glauben, dass er auf 11.000 US-Dollar steigen wird. Sie könnten einen CFD abschließen, bei dem Sie sich bereit erklären, die Differenz zwischen dem aktuellen Preis von Bitcoin und dem Preis von Bitcoin zu einem späteren Zeitpunkt auszutauschen. Wenn der Preis von Bitcoin tatsächlich auf 11.000 US-Dollar steigt, würden Sie einen Gewinn von 1.000 US-Dollar (abzüglich der Maklergebühren) erzielen. Wenn der Preis von Bitcoin jedoch auf 9.000 US-Dollar fällt, würden Sie einen Verlust von 1.000 US-Dollar erleiden.

Ein weiterer Vorteil von CFDs ist: Handel mit Hebelwirkung! Das bedeutet, dass Sie mit mehr Geld handeln können, als Sie tatsächlich besitzen. Wenn Sie beispielsweise einen Hebel von 10:1 verwenden, können Sie einen CFD von 10.000 USD erzielen, indem Sie nur 1.000 USD einsetzen. Dies können Ihre potenziellen Gewinne vervielfachen, aber auch Ihre potenziellen Verluste erhöhen.

Ein berühmtes Beispiel für die Verwendung von Bitcoin-CFDs stammt aus dem Jahr 2017. Hier entwickelte sich der Preis von Bitcoin innerhalb von 12 Monaten von etwa 1.000 US-Dollar auf fast 20.000 US-Dollar stieg. Viele Händler nutzten CFDs, um auf diese Preisbewegungen zu spekulieren, und einige von ihnen erzielten enorme Gewinne. Aber auch viele andere verloren Geld, vor allem, als der Preis von Bitcoin Ende 2017 und Anfang 2018 stark fiel.

Was ist nun eine Pflicht zur Zahlung von Zusatzbeiträgen? Der Margin Call ist eine Verpflichtung des Händlers, zusätzliches Kapital auf sein Handelskonto einzuzahlen, wenn seine offenen Positionen nicht mehr durch die auf dem Konto vorhandene Margin gedeckt sind.

Dies kann passieren, wenn sich der Markt stark gegen die Position des Händlers bewegt und die Verluste die auf dem Konto vorhandene Marge übersteigen.

Der Margin Call kann ein erhebliches Risiko darstellen, insbesondere beim Handel mit Hebelprodukten wie CFDs. Wenn sich der Markt stark gegen Sie bewegt, verlieren Sie möglicherweise nicht nur Ihr gesamtes Kapital auf dem Konto, sondern müssen möglicherweise auch zusätzliches Geld einzahlen, um die Verluste zu decken. Im Extremfall können diese Verluste sogar Ihr gesamtes Vermögen übersteigen.

Ein berühmtes Beispiel für die Gefahren des Margin Calls ereignete sich im Jahr 2015, als die Schweizerische Nationalbank überraschend den Mindestkurs des Schweizer Frankens gegenüber dem Euro aufhob.

Dies führte zu einer massiven Aufwertung des Frankens, und viele Händler, die auf eine Abwertung des Frankens gesetzt hatten, erlitten große Verluste. Einige Broker gingen sogar in Konkurs, weil ihre Kunden nicht in der Lage waren, Nachschussforderungen zu erfüllen.

Um solche Risiken zu vermeiden, haben viele Broker und Aufsichtsbehörden Maßnahmen ergriffen, um den Margin Call zu begrenzen oder zu eliminieren. In einigen Ländern, wie z.B. der Europäischen Union, ist die Verpflichtung von Privatkunden, beim Handel mit CFDs zusätzliche Zahlungen zu leisten, sogar gesetzlich verboten. Stattdessen werden die Positionen der Kunden automatisch geschlossen, wenn ihre Verluste die auf dem Konto vorhandene Marge übersteigen.

Die bestehende Margin wird im Zusammenhang mit dem Handel mit Hebelprodukten wie CFDs verwendet. Wenn Sie einen CFD-Handel mit Hebelwirkung eröffnen, müssen Sie nur einen Teil des Gesamtbetrags des Handels als Margin einzahlen. Die Höhe der Margin variiert je nach Broker und Handelsinstrument. Bei Aktien-CFDs liegt die Marge in der Regel zwischen 2 % und 10 % des Handelswerts. Bei Forex-CFDs liegt die Marge in der Regel zwischen 0,5 % und 2 % des Handelswerts. Bei Krypto-CFDs liegt die Marge in der Regel zwischen 5 % und 20 % des Handelswerts.

Es ist wichtig zu beachten, dass die Marge nur eine Sicherheitsleistung ist.

Der Restbetrag wird von Ihrem Broker geliehen. Wenn sich der Markt gegen Sie bewegt und Ihre Verluste die Marge auf Ihrem Konto übersteigen, kann Ihr Broker Sie auffordern, zusätzliches Kapital einzuzahlen. Wenn Sie nicht in der Lage sind, diesen Margin Call zu erfüllen, wird Ihr Trade geschlossen und Sie können alle Verluste tragen.

Ein Margin Call ist ein Risikomanagement-Tool, das Ihre Verluste begrenzt.

Durch das Setzen von Stop-Loss-Aufträgen kann man wiederum die Risiken begrenzen.

4.2 Kurzfristige Spekulation

Kurzfristige Spekulation bezieht sich auf Handelsstrategien, bei denen Positionen innerhalb eines kurzen Zeitraums, eröffnet und geschlossen werden. Innerhalb eines Tages. Oder mehrmals am Tag. Im Gegensatz zur langfristigen Spekulation, bei der Anleger Positionen für Wochen, Monate oder sogar Jahre halten, zielen kurzfristige Spekulanten darauf ab, von kleinen, kurzfristigen Kursbewegungen zu profitieren. Diese Art der Spekulation erfordert oft ein intensiveres Engagement und kann riskanter sein, bietet aber auch das Potenzial für erhebliche Gewinne.

BITCOIN ERFOLG Ein Guide für Krypto-Fans

4.2.1 Daytrading

Daytrading ist eine der bekanntesten Formen der kurzfristigen Spekulation und wird häufig von erfahrenen Händlern in der Bitcoin-Spekulation verwendet.

Man muss sehr rasch auf Kursausschläge nach oben du unten reagieren können.

Chartmuster, technische Indikatoren und Handelssignale gewinnen hier an Bedeutung.

Ein typisches Beispiel für Daytrading bei Bitcoin-Spekulationen könnte so aussehen: Ein Daytrader könnte den Tag damit beginnen, Bitcoin-Preisbewegungen zu beobachten und nach bestimmten Signalen oder Mustern zu suchen, die auf eine bevorstehende Preisbewegung hindeuten könnten. Wenn sie ein solches Muster erkennen, könnten sie eine Position eröffnen, um von der erwarteten Preisbewegung zu profitieren. Sie würden dann ihre Position schließen, sobald sie einen Gewinn erzielt haben oder wenn sich der Markt gegen sie bewegt.

Es erfordert eine gründliche Kenntnis der Märkte, die Fähigkeit, schnell zu reagieren, und die Fähigkeit, Entscheidungen unter Druck zu treffen. Darüber hinaus können die Handelskosten, einschließlich Handelsgebühren, die Gewinne aus dem Daytrading erheblich reduzieren.

4.2.2 Scalping als Strategie des Daytradings

Was ist Scalping?

Scalping ist ein Handelsstil, der darauf abzielt, kurze Zeiträume zu nutzen, um kleine, aber häufige Gewinne zu erzielen. Scalper eröffnen und schließen im Laufe des Tages mehrere Trades. Es geht darum minimale Preisbewegungen optimal zu nutzen durch ständiges hin und her Traden verschiedenster Positionen.

Ein Nachteil des Scalpings besteht jedoch darin, dass es schwieriger als bei anderen Strategien ist, den idealen Schwellenwert für den Stop-Loss festzulegen. Es hängt auch von der eigenen Selbstdisziplin ab, seine Strategie nicht zu verlassen, denn wenn man den Stop zu weit von seinem Einstieg entfernt setzt, können schnell alle täglichen Gewinne verloren gehen.

Erfolgreiches Scalping

Ein einziger Trade kann den Gewinn des ganzen Tages oder sogar des ganzen Monats zunichtemachen. Es handelt sich grundsätzlich erst mal um das Ausnutzen geringer Preisdifferenzen. Hieraus zieht man Nutzen. Um her Gewinn zu realisieren, muss man folglich umfangreiche Positionen handeln. Daher wird häufig die Bracket-Order verwendet, die für die Limit- und Stop-Orders den gleichen Abstand zum Einstiegspreis hat und somit ein Risiko-Ertrags-Verhältnis von 1:1 für den Handel bietet.

Marktbeobachtung beim Scalping

Scalping erfordert, dass ein Händler den Markt genau im Auge behält.

Man verfolgt seine Charts lediglich einige wenige Minuten um zu handeln.

Scalping in verschiedenen Märkten

Eine Scalping-Strategie kann auf verschiedene Märkte angewendet werden, z. B. auf Aktien, Devisen oder Futures-Kontrakte.

BITCOIN ERFOLG Ein Guide für Krypto-Fans

Risiken der Scalping-Strategie

Marktvolatilität:

Scalping profitiert von kleinen, schnellen Bewegungen auf dem Markt. Wenn der Markt jedoch volatil wird, kann dies zu schnellen und unvorhersehbaren Preisänderungen führen. Diese plötzlichen Schwankungen können dazu führen, dass Trades zu ungünstigen Preisen geschlossen werden, was zu erheblichen Verlusten führen kann. Darüber hinaus kann eine hohe Volatilität dazu führen, dass Stop-Loss-Orders nicht zum erwarteten Preis ausgeführt werden, was das Risiko erhöht.

Hohe Transaktionskosten:

Scalper tätigen eine große Anzahl von Trades, oft mehrere hundert pro Tag. Jeder dieser Trades ist mit Transaktionskosten verbunden. Selbst wenn diese Kosten pro Trade gering sind, können sie sich im Laufe des Tages zu einer beträchtlichen Summe summieren. Wenn diese Kosten nicht sorgfältig überwacht und kontrolliert werden, können sie die Gewinne aus dem Scalping schnell auffressen.

Emotionale Belastung:

Scalping kann eine intensive und stressige Handelsstrategie sein. Die Notwendigkeit, ständig auf den Markt zu achten und schnell zu reagieren, kann emotional belastend sein. Dieser Stress kann zu schlechten Entscheidungen führen, wenn Trader impulsiv handeln oder ihre Strategie aufgrund von Emotionen ändern.

Benötigte Zeit:

Scalping erfordert eine ständige Beobachtung des Marktes und eine schnelle Reaktion auf Marktveränderungen. Dies kann zeitaufwändig sein und erfordert ein hohes Maß an Konzentration. Händler, die nicht in der Lage sind, den Markt ständig zu überwachen, könnten wichtige Marktveränderungen verpassen, was zu Verlusten führen kann.

Sonstiges Risikomanagement:

Scalping erfordert ein strenges Risikomanagement. Ein einziger schlechter Handel kann alle Gewinne eines Tages zunichtemachen. Daher ist es wichtig, Stop-Loss-Orders zu verwenden und das Risiko pro Trade zu begrenzen. Trader müssen auch in der Lage sein, ihre Verluste schnell zu akzeptieren und weiterzumachen, anstatt zu versuchen, einen schlechten Trade "auszusitzen", in der Hoffnung, dass sich der Markt umkehrt.

Technische Probleme:

Da Scalping auf schnellen Trades basiert, können technische Probleme wie eine langsame Internetverbindung, Computerprobleme oder Ausfälle von Handelsplattformen starke Verluste bringen. Es ist wichtig, dass Händler über eine zuverlässige Handelsinfrastruktur und Notfallpläne für den Fall technischer Probleme verfügen.

Abhängigkeit von der Handelsplattform:

Scalper sind in hohem Maße von ihrer Handelsplattform abhängig. Wenn die Plattform nicht schnell genug ist, können Trades zu ungünstigen Preisen ausgeführt werden. Einige Plattformen haben auch Beschränkungen für die Anzahl der Trades, die pro Tag getätigt werden können, oder sie können zusätzliche Gebühren für häufigen Handel erheben.

Regulatorische Risiken:

In einigen Ländern kann das Scalping reguliert oder eingeschränkt sein. Händler müssen sicherstellen, dass sie die Regeln und Vorschriften in ihrer Gerichtsbarkeit verstehen und einhalten.

Sonstiges Liquiditätsrisiko:

Scalping erfordert eine hohe Liquidität, um schnell in Trades ein- und aussteigen zu können. Wenn der Markt nicht liquide genug ist, kann es schwierig sein, Trades zu den gewünschten Preisen auszuführen.

Hebelrisiko:

Viele Scalper nutzen die Hebelwirkung, um ihre Gewinne zu maximieren. Die Hebelwirkung kann jedoch auch Verluste vergrößern.

Es sollte auch erwähnt werden, dass Kryptowährungen unreguliert und anfällig für Fehler und Hackerangriffe sind. Es kann auch zu einer Gabelung oder Aussetzung des Handels kommen.

Eine gute Ausbildung, gründliche Recherche und ein solides Verständnis der Marktbedingungen sind entscheidend für den Erfolg beim Scalping.

4.2.3 Trendfolge-Strategie

Der Grundgedanke ist einfach: "Der Trend ist dein Freund". Mit anderen Worten, anstatt gegen den Markt zu handeln, versuchen Sie, den vorherrschenden Trend zu identifizieren und ihm zu folgen.

BITCOIN ERFOLG Ein Guide für Krypto-Fans

Stellen Sie sich vor, Sie sind Surfer, der die perfekte Welle reiten möchte. Sie schwimmen nicht gegen die Welle, sondern warten, bis die Welle kommt, und surfen dann mit ihr. Gleiches gilt für das Daytrading mit der Trendfolgestrategie. Sie versuchen, den Moment zu identifizieren, in dem ein Trend beginnt, und springen dann auf diesen "Zug" auf, bis er an Schwung verliert oder sich umkehrt. Nehmen wir zum Beispiel an, der Preis von Bitcoin beginnt zu steigen. Sie stellen fest, dass auch das Handelsvolumen zunimmt, was ein gutes Zeichen dafür ist, dass der Aufwärtstrend stark ist. Sie beschließen, Bitcoin zu kaufen, in der Hoffnung, dass der Preis weiter steigt. Sie setzen einen Stop-Loss, um Ihre potenziellen Verluste zu begrenzen, falls sich der Trend plötzlich umkehrt. Sie beobachten den Markt genau und verkaufen, wenn Sie Anzeichen dafür sehen, dass der Aufwärtstrend nachlässt oder sich umkehrt.

Diese Trendfolgestrategie erfordert eine sorgfältige Marktbeobachtung und gute Kenntnisse der technischen Analyse. Man muss in der Lage sein, Trendlinien zu zeichnen, Unterstützungs- und Widerstandsniveaus zu identifizieren und verschiedene technische Indikatoren wie gleitende Durchschnitte, den Relative Strength Index (RSI) oder das Volumen zu interpretieren.

Immer Stop-Loss setzen und nie mehr Geld riskieren, als Sie bereit sind zu verlieren.

„Nicht versuchen, den Markt zu schlagen, sondern mit ihm zu tanzen". Das sollte man im Hinterkopf behalten, wenn es um Daytrading geht – und insbesondere um Trendfolgestrategien: Es geht nicht darum, den Markt zu schlagen, sondern darum, seine Bewegungen zu verstehen und mit ihnen zu fließen.

4.2.4 Pullback-Strategie

Die Pullback-Strategie ist eine weitere beliebte Taktik unter Daytradern, die auch im Bitcoin-Handel angewandt wird. Ein "Pullback" bezieht sich auf eine vorübergehende Umkehr des vorherrschenden Trends, sei es nach oben oder nach unten. Es geht darum, dass solche Rückgänge oft vorübergehend sind. Der ursprüngliche Trend wird danach wieder aufgenommen.

BITCOIN ERFOLG Ein Guide für Krypto-Fans

Man beobachtet einen starken Aufwärtstrend des Bitcoin-Preises. Plötzlich beginnt der Preis zu fallen. Einige Händler könnten in Panik geraten und verkaufen, aber nicht Sie. Sie erkennen, dass dies nur ein Pullback ist, eine vorübergehende Korrektur, bevor sich der Aufwärtstrend fortsetzt. Sie nutzen diesen Rückgang als Gelegenheit, Bitcoin zu einem günstigeren Preis zu kaufen, bevor der Preis wieder steigt.

Konkret: Angenommen, der Preis von Bitcoin ist von 25.000 $ auf 30.000 $ gestiegen. Dann beginnt der Preis zu fallen und erreicht 29.000 US-Dollar. Sie erkennen dies als Pullback und beschließen, Bitcoin zu diesem niedrigeren Preis zu kaufen. Sie setzen einen Stop-Loss bei 28.500 $, um Ihre potenziellen Verluste zu begrenzen, falls der Preis weiter fällt. Beobachten Sie dann den Markt genau und verkaufen Sie, wenn der Preis wieder auf 30.000 $ oder höher steigt.

„Ich kaufe nicht, wenn der Preis steigt. Ich kaufe, wenn es fällt." Das ist die Essenz der Pullback-Strategie: Das Gegenteil von dem tun, was andere Marktteilnehmer tun, was das Kaufen und Verkaufen angeht.

4.2.5 Breakout-Strategie

Ein "Breakout" bezieht sich auf eine starke Preisbewegung aus einem zuvor definierten Unterstützungs- oder Widerstandsbereich. Diese Strategie basiert auf der Annahme, dass auf einen Ausbruch eine starke Bewegung in Richtung des Ausbruchs folgt.Man stellt etwa fest, dass der Bitcoin-Preis seit einiger Zeit zwischen 27.000 und 28.000 US-Dollar schwankt. Dieser Bereich stellt eine Art "Konsolidierungszone" dar, in der der Preis weder wesentlich steigt noch fällt. Doch dann durchbricht der Kurs plötzlich die 28.000-Dollar-Marke – das ist der Ausbruch. Sie interpretieren dies als starkes Kaufsignal und beschließen, Bitcoin zu kaufen, in der Erwartung, dass der Preis weiter steigen wird.

Nochmal: Nehmen wir an, der Kurs von Bitcoin hat mehrmals versucht, die 30.000-Dollar-Marke zu durchbrechen, ist aber jedes Mal gescheitert. Dieses Niveau hat sich als starker Widerstand erwiesen. Doch dann, eines Tages, durchbricht der Preis die 30.000-Dollar-Marke und steigt schnell auf 30.200 US-Dollar. Sie erkennen dies als Ausbruch und beschließen, Bitcoin zu kaufen. Sie legen einen Stop-Loss bei 27.800 US-Dollar fest, um Ihre potenziellen Verluste zu begrenzen, falls der Preis wieder unter die Marke von 28.000 US-Dollar fällt. Beobachten Sie dann den Markt genau und verkaufen Sie, wenn der Preis Ihren Zielgewinn erreicht.

„Nicht auf den Markt warten, der Markt wartet auf Sie!"

4.2.6   Handel   mit   Nachrichten

Wie der Name schon sagt, basiert der Nachrichtenhandel auf der Reaktion auf Nachrichtenereignisse, die sich auf den Preis von Bitcoin auswirken könnten. Diese Strategie basiert auf der Annahme, dass Nachrichtenereignisse zu erheblichen Kursbewegungen führen können und dass diese Bewegungen vorhersehbar und handelbar sind. Sie sehen die Nachrichten und sehen eine Schlagzeile, die besagt, dass eine große Bank plant, Bitcoin zu ihrer Handelsplattform hinzuzufügen. Sie interpretieren dies als starkes Kaufsignal und beschließen, Bitcoin zu kaufen, in der Erwartung, dass der Preis steigen wird, wenn die Nachricht allgemein bekannt wird.

Sie sehen eine Schlagzeile, die besagt, dass die japanische Regierung plant, Bitcoin als gesetzliches Zahlungsmittel zu akzeptieren. Sie erkennen dies als bedeutende positive Nachricht für Bitcoin und beschließen, Bitcoin zu kaufen. Stop-Loss gesetzt, um potenziellen Verluste zu begrenzen, falls der Preis nicht wie erwartet steigt. Beobachten Sie dann den Markt genau und verkaufen Sie, wenn der Preis Ihren Zielgewinn erreicht. Der Nachrichtenhandel ist eine der beliebtesten Strategien für Bitcoin-Daytrader. Bei dieser Strategie kaufen oder verkaufen Sie Bitcoin auf der Grundlage aktueller Nachrichtenereignisse, von denen Sie glauben, dass sie den Preis von Bitcoin beeinflussen könnten.

Es gibt viele verschiedene Nachrichtenereignisse, die den Preis von Bitcoin beeinflussen können, wie zum Beispiel:

- Regierungspolitik

- Regelmäßige Veröffentlichungen

- Aktuelles aus dem Unternehmen

- Technische Veranstaltungen

- Naturkatastrophen

- Soziale Unruhen

BITCOIN ERFOLG Ein Guide für Krypto-Fans

Wenn Sie mit dem Nachrichtenhandel beginnen möchten, sollten Sie einige Dinge beachten:

- **Identifizieren Sie wichtige Nachrichtenereignisse**. Nicht alle Nachrichtenereignisse haben einen Einfluss auf den Preis von Bitcoin. Sie müssen in der Lage sein, wichtige Ereignisse zu identifizieren, von denen Sie glauben, dass sie erhebliche Auswirkungen haben könnten.

- **Verstehen Sie, wie sich Nachrichtenereignisse auf den Preis von Bitcoin auswirken könnten**. Nicht alle Nachrichtenereignisse haben die gleichen Auswirkungen auf den Preis von Bitcoin. Sie müssen in der Lage sein zu verstehen, wie sich ein bestimmtes Ereignis auf den Preis von Bitcoin auswirken könnte.

„Ich handele nicht mit dem, was ich denke, sondern mit dem, was ich sehe."

BITCOIN ERFOLG Ein Guide für Krypto-Fans

Sie reagieren auf das, was tatsächlich passiert, und nicht auf das, was Sie erwarten oder hoffen, dass es passieren wird.

4.2.7 Range-Handel

Der Range-Handel ist eine Strategie, die auf der Annahme basiert, dass der Preis von Bitcoin innerhalb einer bestimmten Spanne oder "Spanne" schwankt. Händler, die diese Strategie anwenden, versuchen, Bitcoin am unteren Ende der Spanne zu kaufen und am oberen Ende zu verkaufen. Auch hier, wie fast immer: Stop-Loss Order setzten! Es handelt sich um eine gängige Handelsstrategie, die auf der Annahme basiert, dass die Preise dazu neigen, für eine bestimmte Zeit innerhalb einer festgelegten Spanne zu schwanken. Dieser Bereich wird durch die Unterstützungs- und Widerstandsniveaus definiert, die die untere und obere Grenze der Spanne darstellen.

Die Grundidee des Range-Tradings ist einfach: günstig kaufen und hoch verkaufen. Wenn der Preis von Bitcoin auf die Unterstützungslinie (das untere Ende der Spanne) fällt, könnten Händler dies als Kaufgelegenheit betrachten, da sie erwarten, dass der Preis wieder nach oben springt. Umgekehrt, wenn der Kurs auf die Widerstandslinie (das obere Ende der Spanne) steigt, könnten Händler dies als Verkaufsgelegenheit betrachten, da sie erwarten, dass der Preis wieder fällt.

BITCOIN ERFOLG Ein Guide für Krypto-Fans

Beispiel 1: Nehmen wir an, den Wunsch habe ich, der Preis von Bitcoin schwankt seit einiger Zeit zwischen 30.000 und 40.000 US-Dollar. Ein Range-Trader könnte eine Kauforder platzieren, wenn der Preis auf 30.000 $ fällt, mit der Erwartung, dass der Preis wieder auf 40.000 $ steigt. Wenn der Preis dann auf 40.000 $ steigt, könnte der Händler einen Verkaufsauftrag erteilen, um einen Gewinn zu erzielen.

Beispiel 2: Im obigen Beispiel könnte der Händler beim Kauf von Bitcoin bei 30.000 US-Dollar eine Stop-Loss-Order platzieren, um den Handel automatisch zu schließen, wenn der Preis auf 29.000 US-Dollar fällt. Auf diese Weise kann der Händler sein Risiko begrenzen und verhindern, dass ein schlechter Handel sein Konto zerstört.

Der Range-Handel funktioniert am besten in einem Seitwärtsmarkt, in dem der Preis innerhalb einer festgelegten Spanne schwankt. In einem starken Aufwärts- oder Abwärtstrend kann der Preis schnell aus der Spanne ausbrechen, was zu Verlusten für Range-Trader führen kann. Daher ist es wichtig, die Marktbedingungen sorgfältig zu analysieren und die Strategie entsprechend anzupassen.

BITCOIN ERFOLG Ein Guide für Krypto-Fans

4.2.8 Technischer Handel

Technischer Handel bezieht sich auf die Verwendung von technischen Analysetools und -indikatoren, um Handelsentscheidungen zu treffen. Technische Händler analysieren Preisbewegungen, Handelsvolumen und andere marktrelevante Daten, um Muster zu identifizieren, die auf zukünftige Preisbewegungen hinweisen könnten. Die Erläuterung dieser Methoden wird später in Punkt 4.2.12 gegeben.

4.2.9 Analyse des Auftragsbuchs

Die Orderbuchanalyse ist eine Methode zur Beurteilung der Marktstimmung, indem das Verhältnis von Kauf- und Verkaufsaufträgen auf einer Handelsplattform betrachtet wird. Es handelt sich um eine fortgeschrittene Handelsstrategie, die sich auf das Studium des Orderbuchs einer Handelsplattform konzentriert. Ein Orderbuch ist eine Liste aller offenen Kauf- und Verkaufsaufträge für ein bestimmtes Finanzinstrument, in diesem Fall Bitcoin. Diese Aufträge sind nach Preis sortiert und geben einen Einblick in die Marktstimmung und Liquidität des Marktes.

Die Orderbuchanalyse basiert auf der Beobachtung des Verhältnisses von Kauf- und Verkaufsaufträgen. Wenn es mehr Kaufaufträge (auch "Bids" genannt) als Verkaufsaufträge (auch "Asks" genannt) gibt, könnte dies auf eine bullische Stimmung hindeuten. Das bedeutet, dass die Mehrheit der Marktteilnehmer davon ausgeht, dass der Preis von Bitcoin steigen wird. Umgekehrt könnte ein Überschuss an Verkaufsaufträgen auf eine rückläufige Stimmung hindeuten, was bedeutet, dass die Mehrheit der Marktteilnehmer erwartet, dass der Preis von Bitcoin fallen wird.

Beispiel: Wenn man in einem Orderbuch feststellt, dass es 500 Kaufaufträge für Bitcoin zu einem Preis von 35.000 US-Dollar gibt, aber nur 200 Verkaufsaufträge zu diesem Preis könnte dies darauf hindeuten, dass es zu diesem Preis eine starke Nachfrage nach Bitcoin gibt und dass der Preis wahrscheinlich steigen wird, wenn alle Kaufaufträge erfüllt sind.

Neben der Beobachtung des Verhältnisses von Kauf- und Verkaufsaufträgen können Händler auch das Auftragsvolumen berücksichtigen. Großaufträge können die Marktstimmung stärker beeinflussen als kleinere Aufträge.

BITCOIN ERFOLG Ein Guide für Krypto-Fans

Beispiel: Wenn es einen einzigen Kaufauftrag für 1.000 Bitcoin zu einem Preis von 35.000 $ und 500 Verkaufsaufträge für insgesamt 500 Bitcoin zu diesem Preis gibt, könnte dies trotz der größeren Anzahl von Verkaufsaufträgen auf eine bullische Stimmung hindeuten.

Jedoch können Orderbücher manipuliert werden (z. B. durch "Spoofing", Einstellen von falschen Ordern, oder "Wash Trading", der Kauf und Verkauf eines Wertes zwischen zwei verbundenen Parteien, um den Eindruck eines höheren Handelsvolumens zu erwecken), so dass Händler vorsichtig sein und sich nicht nur auf die Analyse des Orderbuchs verlassen sollten.

4.2.10 Leerverkäufe

Leerverkäufe sind eine Handelsstrategie, die auf einem einfachen Prinzip basiert: hoch verkaufen, niedrig kaufen. Klingt einfach, oder? Aber im Gegensatz zum traditionellen Handel, bei dem Sie zuerst kaufen und dann verkaufen, kehren Leerverkäufe diese Reihenfolge um. Sie verkaufen zuerst und kaufen dann zurück. Aber wie ist das möglich? Wie können Sie etwas verkaufen, das Sie nicht besitzen? Hier kommt das Konzept des "Ausleihens" ins Spiel.

Stellen Sie sich vor, Sie sind ein Händler, der glaubt, dass der Preis von Bitcoin in naher Zukunft fallen wird. Sie gehen zu einem Broker und leihen sich einen Bitcoin, den Sie sofort für 28.000 Dollar verkaufen. Wenige Tage später fällt der Preis von Bitcoin auf 26.000 US-Dollar. Sie kaufen einen Bitcoin zurück und geben ihn an den Broker zurück. Sie machten einen Gewinn von 2.000 US-Dollar, abzüglich der Gebühren für das Ausleihen des Bitcoins.

Das klingt nach einer großartigen Möglichkeit, Geld zu verdienen, wenn der Preis von Bitcoin fällt. Aber es gibt einen Haken. Was passiert, wenn der Preis von Bitcoin steigt, anstatt zu fallen? Sie sind weiterhin verpflichtet, die Bitcoin an den Broker zurückzugeben. Wenn der Preis auf 32.000 US-Dollar steigt, müssen Sie 32.000 US-Dollar ausgeben, um einen Bitcoin zurückzukaufen und an den Broker zurückzugeben. Sie machten einen Verlust von 2,000 US-Dollar.

Das Risiko von Leerverkäufen ist theoretisch unbegrenzt. Wenn der Preis von Bitcoin auf 40.000, 50.000 oder sogar 100.000 US-Dollar steigt, wovon ich überzeugt bin, dass es einmal auf jeden Fall so sein wird, müssen Sie immer noch einen Bitcoin zurückkaufen, um Ihre Schulden zu begleichen. Das kann zu enormen Verlusten führen, die weit über das hinausgehen, was Sie ursprünglich investiert haben.

Ein berühmtes Beispiel für das Risiko von Leerverkäufen ist die Geschichte von Volkswagen im Jahr 2008. Eine Gruppe von Hedgefonds hatte beschlossen, die Aktien von Volkswagen in Erwartung eines Kursrückgangs leer zu verkaufen. Stattdessen stieg der Preis dramatisch an, und die Hedgefonds mussten Milliarden von Dollar ausgeben, um ihre Short-Positionen zu decken. Dieses Ereignis wurde als "der teuerste Short Squeeze der Geschichte" bezeichnet.

Um das Risiko von Leerverkäufen zu managen, verwenden Händler hier wiederum Stop-Loss-Orders. Die Anweisung an den Broker, einen Bitcoin zu einem bestimmten Preis zurückzukaufen, um Verluste zu begrenzen. Wenn Sie beispielsweise einen Bitcoin für 25.000 US-Dollar leerverkaufen und eine Stop-Loss-Order bei 26.000 US-Dollar setzen, kauft der Broker automatisch einen Bitcoin zurück, wenn der Preis 26.000 US-Dollar erreicht. So können Sie Ihr maximales Verlustrisiko im Voraus festlegen.

Trotz der Risiken können Leerverkäufe eine effektive Strategie sein, um von fallenden Kursen zu profitieren. Zudem kann es als Absicherung gegen das Risiko eines Preisverfalls verwendet werden. Wenn Sie beispielsweise Bitcoin besitzen und befürchten, dass der Preis fallen könnte, können Sie einen Teil Ihren Bitcoin leerverkaufen, um Ihre Verluste zu begrenzen, falls der Preis tatsächlich fällt.

4.2.11 Indikatoren basierter Handel

Indikatorbasierter Handel bezieht sich auf die Verwendung technischer Indikatoren zur Generierung von Kauf- und Verkaufssignalen.

Es gibt viele verschiedene technische Indikatoren, die Händler verwenden können, darunter gleitende Durchschnitte, RSI, MACD, Bollinger-Bänder und Fibonacci-Retracements. Jeder Indikator hat seine eigenen Stärken und Schwächen und wird oft in Kombination mit anderen Indikatoren verwendet, um die Genauigkeit der Signale zu verbessern.

Diese Indikatoren analysieren historische Preisdaten und Volumenmuster, um zukünftige Preisbewegungen vorherzusagen. Hier sind einige der am häufigsten verwendeten technischen Indikatoren und wie sie funktionieren:

Gleitende Durchschnitte:

Gleitender Durchschnitt ist ein technischer Indikator, der aus dem Mittelwert der Preispunkte eines Instruments über einen bestimmten Zeitraum berechnet wird. Er wird verwendet, um Trends in den Preisen zu erkennen. Es gibt zwei Haupttypen: einfache gleitende Durchschnitte (SMA= simple moving avarage) und exponentielle gleitende Durchschnitte (EMA= exponential moving avarage). SMAs berechnen den Durchschnittspreis über einen bestimmten Zeitraum, während EMAs mehr Wert auf die neuesten Daten legen. Ergänzend sei noch der WMA, d.h. weighted moving avarage erwähnt, wo Schlusskurse mit unterschiedlicher Gewichtung berücksichtigt werden, wobei die Gewichtung mit dem Alter des Schlusskurses abnimmt. Händler verwenden gleitende Durchschnitte, um Trends zu erkennen und Kauf- oder Verkaufssignale zu generieren, wenn der Preis den gleitenden Durchschnitt kreuzt.

Wenn beispielsweise der Preis von Bitcoin über seinen 50-Tage-SMA steigt, könnte dies als Kaufsignal interpretiert werden. Umgekehrt könnte ein Rückgang unter den 50-Tage-SMA als Verkaufssignal gewertet werden.

Relative-Stärke-Index (RSI):

Der RSI ist ein Oszillator, der misst, ob ein Vermögenswert überkauft oder überverkauft ist. Er bewegt sich zwischen 0 und 100. Werte über 70 gelten als überkauft. Werte unter 30 als überverkauft. Wobei das nur Richtwerte sind. Dieser Wert wird auf Basis von Tages-, Wochen-, Monats- oder Jahreskursen berechnet. Trader verwenden den RSI, um potenzielle Umkehrpunkte im Preis zu identifizieren.

Beispiel: Wenn der RSI von Bitcoin über 70 steigt, könnte dies als Verkaufssignal interpretiert werden, da es darauf hinweist, dass Bitcoin möglicherweise überkauft, ist. Umgekehrt könnte ein RSI unter 30 als Kaufsignal gewertet werden.

Konvergenz-Divergenz des gleitenden Durchschnitts (MACD):

Es geht hier um einen Trendfolgeindikator, der die Differenz zwischen zwei gleitenden Durchschnitten misst. Händler verwenden den MACD, um Kauf- und Verkaufssignale zu generieren und um zu erkennen, wann ein neuer Trend beginnt oder endet.

Wenn beispielsweise die MACD-Linie die Signallinie von unten nach oben kreuzt, könnte dies als Kaufsignal interpretiert werden. Umgekehrt könnte das Überschreiten der Signallinie von oben nach unten als Verkaufssignal gewertet werden.

Bollinger-Bänder:

Bollinger-Bänder wiederum stellen einen Volatilitätsindikator dar, der aus einem oberen Band, einem unteren Band und einem einfachen gleitenden Durchschnitt besteht. Die Bänder erweitern und verengen sich je nach Volatilität des Marktes. Trader verwenden Bollinger-Bänder, um potenzielle Umkehrpunkte im Kurs zu identifizieren.

Berührt oder durchbricht der Preis das obere Band, könnte dies als Verkaufssignal interpretiert werden, da dies darauf hindeutet, dass Bitcoin überkauft, sein könnte. Umgekehrt könnte das Berühren oder Durchbrechen des unteren Bandes als Kaufsignal gewertet werden. Bollinger Bänder können jedoch irreführend sein, wenn der Markt volatil ist.

Fibonacci-Retracements:

Bei Fibonacci-Retracements identifizieren potenzielle Unterstützungs- und Widerstandsniveaus. Sie basieren auf der Fibonacci-Zahlenreihe, einer mathematischen Folge, in der jede Zahl die Summe der beiden vorherigen Zahlen ist. Trader zeichnen Fibonacci-Retracements, indem sie zwei extreme Punkte auf dem Chart auswählen und dann horizontale Linien zeichnen, um die potenziellen Retracement-Levels zu markieren.

Wenn beispielsweise der Preis von Bitcoin von 30.000 $ auf 40.000 $ steigt und dann wieder zurückfällt, könnten Händler Fibonacci-Retracements verwenden, um potenzielle Unterstützungsniveaus zu identifizieren.

Jeder dieser Indikatoren hat seine Stärken und Schwächen und wird oft in Kombination mit anderen Indikatoren verwendet, um die Genauigkeit der Signale zu verbessern. Kein technischer Indikator ist perfekt. Sie können, dass alle falsche Signale erzeugen.

4.2.12 Automatischer Handel

Automatischer Handel bezieht sich auf die Verwendung automatisierter Handelssysteme, Computerprogramme oder "Bots", die Handelsentscheidungen auf der Grundlage vordefinierter Kriterien treffen. Diese Systeme können rund um die Uhr handeln, ohne dass ein menschliches Eingreifen erforderlich ist, und sie können oft schneller auf Marktveränderungen reagieren als menschliche Händler. Sie sind jedoch auch anfällig für technische Fehler und können erhebliche Verluste verursachen, wenn sie nicht ordnungsgemäß überwacht und verwaltet werden.

Es wird auch als algorithmischer oder Algo-Handel bezeichnet. Diese Bots können auf der Grundlage einer Vielzahl von Faktoren handeln, darunter Preisbewegungen, Marktvolatilität, Wirtschaftsnachrichten und mehr. Sie sind in der Lage, rund um die Uhr zu handeln und können oft schneller auf Marktveränderungen reagieren als menschliche Händler.

Ein wesentlicher Vorteil des automatischen Handels ist die Möglichkeit, eine große Anzahl von Märkten und Instrumenten gleichzeitig zu überwachen und zu handeln. Ein einzelner menschlicher Trader kann nur eine begrenzte Anzahl von Märkten effektiv überwachen, während ein Trading-Bot theoretisch Tausende von Märkten gleichzeitig überwachen kann.

Ein weiterer Vorteil ist die Entfernung menschlicher Emotionen aus dem Handelsprozess. Bots handeln auf der Grundlage vordefinierter Regeln und Algorithmen und sind nicht anfällig für Emotionen wie Angst oder Gier, die menschliche Händler oft dazu verleiten, schlechte Handelsentscheidungen zu treffen.

Beispiel:

Ein einfacher Trading-Bot könnte so programmiert werden, dass er Bitcoin kauft, wenn der Preis innerhalb von 24 Stunden um mehr als 5 % fällt, und verkauft, wenn der Preis um mehr als 5 % steigt. Dieser Bot würde rund um die Uhr handeln, unabhängig davon, ob der menschliche Händler schläft, arbeitet oder andere Aktivitäten ausführt.

Darüber hinaus können Bots auch von Marktmanipulation betroffen sein. Einige unehrliche Marktteilnehmer könnten versuchen, den Preis eines Vermögenswerts künstlich zu manipulieren, um Bots dazu zu bringen, Trades auszuführen, die für den menschlichen Händler ungünstig sind.

Der automatische Handel ist nicht jedermanns Sache. Es erfordert technisches Wissen und Erfahrung, um einen Trading-Bot effektiv zu programmieren und zu verwalten

4.2.13 Social und Mirror Trading

Social Trading und Mirror Trading sind Strategien, bei denen Händler die Handelsentscheidungen anderer Händler kopieren oder imitieren. Bei der Social-Trading-Strategie folgen Händler oft den Handelsentscheidungen erfahrener oder professioneller Händler, während beim Mirror Trading, wie bei einem Spiegel, die Handelsentscheidungen eines bestimmten Händlers automatisch auf sein eigenes Handelskonto kopiert werden. Diese Strategien können besonders für Anfänger nützlich sein, die noch dabei sind, ihre eigenen Handelsstrategien zu entwickeln.

Im Einzelnen bedeutet dies Folgendes:

Social Trading und Mirror Trading sind innovative Ansätze für den Online-Handel. Sie nutzen die Kraft der Gemeinschaft und der Technologie, um allen Menschen Zugang zu den Finanzmärkten zu ermöglichen, unabhängig von ihrem Erfahrungsstand.

Social Trading ist im Wesentlichen eine Art Netzwerk für Händler, ähnlich wie Social-Media-Plattformen, in dem Benutzer Inhalte teilen und miteinander interagieren. Stellen Sie sich vor, Sie könnten die Trades und Strategien der erfolgreichsten Trader auf der Plattform sehen, ihre Bewegungen verfolgen und sogar ihre Trades kopieren. Das ist die Essenz des Social Tradings. Es ermöglicht weniger erfahrenen oder neuen Händlern, von den Fähigkeiten und Kenntnissen erfahrener Händler zu profitieren.

Das Mirror Trading geht noch einen Schritt weiter. Es handelt sich um eine Form des automatisierten Handels, bei der die Trades eines ausgewählten Händlers automatisch auf das Handelskonto kopiert werden. Das heißt, wenn der ausgewählte Händler einen Kauf- oder Verkaufsauftrag ausführt, wird derselbe Auftrag automatisch in Ihrem Konto ausgeführt.

Beide Strategien, Social Trading und Mirror Trading, haben ihre Vorzüge, sind aber nicht ohne Risiken. Sie sind in hohem Maße von der Leistung der Händler abhängig, denen Sie folgen. Wenn diese Händler schlechte Entscheidungen treffen, werden diese schlechten Entscheidungen auf Ihr Konto übertragen.

4.2.14 Momentum-Handel

Jene Strategie basiert auf der Annahme, dass Vermögenswerte, die sich in der jüngsten Vergangenheit gut entwickelt haben, sich in naher Zukunft wahrscheinlich gut entwickeln werden. Es handelt sich um eine Art technische Analyse, die auf der Beobachtung von Preisbewegungen und Trends basiert. Händler, die diese Strategie anwenden, suchen nach Vermögenswerten, die einen starken Aufwärtstrend aufweisen, und versuchen, von diesem "Momentum" zu profitieren.

Sie beobachten den Bitcoin-Markt genau und stellen fest, dass der Preis von Bitcoin in den letzten Tagen stark gestiegen ist. Sie interpretieren das als starke Aufwärtsdynamik. Angesichts dieser Beobachtung beschließen Sie, Bitcoin zu kaufen, in der Hoffnung, dass der Preis weiter steigen wird.

In diesem Szenario könnten Sie beispielsweise eine technische Analyse durchführen, um das Momentum zu bestätigen. Sie können den gleitenden Durchschnitt oder den Relative Strength Index (RSI) verwenden, um zu bestätigen, dass der Aufwärtstrend stark ist. Wenn der gleitende Durchschnitt steigt und der RSI über 70 liegt, könnte dies als Bestätigung für den starken Aufwärtstrend dienen.

Nachdem Sie Ihre Position eröffnet haben, würden Sie den Markt weiterhin genau im Auge behalten. Sie würden Ihre Position so lange halten, wie die Dynamik anhält. Sobald es jedoch Anzeichen für eine Abschwächung des Aufwärtstrends gibt, würden Sie versuchen, Ihre Position zu verkaufen.

Ein solches Zeichen könnte zum Beispiel sein, dass sich der Preis seitwärts bewegt oder fällt oder dass der RSI unter 70 fällt. In diesem Fall würden Sie Ihre Position verkaufen, um Gewinne mitzunehmen.

BITCOIN ERFOLG Ein Guide für Krypto-Fans

Auch hier ist es wieder wichtig Stop-Loss-Orders zu setzen.

Neben dem Stop-Loss können Sie auch ein Take-Profit-Ziel festlegen. Dies ist der Preis, zu dem Sie Ihre Position schließen möchten, um Gewinne zu sichern, wenn der Preis von Bitcoin auf dieses Niveau steigt.

Zusammenfassend lässt sich sagen, dass Momentum-Trading eine aktive Handelsstrategie ist, die auf der Beobachtung von Preisbewegungen und Trends basiert. Es erfordert eine sorgfältige Marktbeobachtung und ein gutes Risikomanagement.

4.2.15 Arbitrage-Handel

Dies ist eine Handelsstrategie, die darauf basiert, Preisunterschiede zwischen verschiedenen Märkten oder Börsen auszunutzen. In der Welt der Kryptowährungen, insbesondere Bitcoin, kann dies aufgrund seiner dezentralen Natur und der Vielfalt der Handelsplattformen weltweit besonders relevant sein.

Sie stellen zum Beispiel fest, dass der Preis von Bitcoin an Börse A 30.000 USD beträgt, während er an Börse B 30.100 USD beträgt. Dies ist eine Gelegenheit für Arbitrage.

BITCOIN ERFOLG Ein Guide für Krypto-Fans

Sie entscheiden sich, Bitcoin an Börse A zu kaufen und gleichzeitig Bitcoin an Börse B zu verkaufen. Dies würde Ihnen einen sofortigen Gewinn von 100 US-Dollar pro Bitcoin abzüglich der Transaktionskosten bescheren.

Der Arbitrage-Handel ist eine ausgeklügelte Strategie, die ein hohes Maß an Marktkenntnis und technischem Know-how erfordert. Sie müssen in der Lage sein, schnell zu handeln, um Preisunterschiede auszunutzen, bevor sie sich ausgleichen. Darüber hinaus müssen Sie in der Lage sein, die Transaktionskosten und mögliche Verzögerungen bei der Ausführung von Trades zu berücksichtigen, was die potenziellen Gewinne aus Arbitrage verringern kann.

Beispielsweise können Sie feststellen, dass die Transaktionskosten an Börse B höher sind als an Börse A. Dies würden Ihre potenziellen Gewinne aus Arbitrage verringern. In ähnlicher Weise werden Sie möglicherweise feststellen, dass es zu einer Verzögerung bei der Ausführung von Trades an Börse B kommt. Wenn der Preis von Bitcoin an der Börse B fällt, bevor Ihr Verkaufsauftrag ausgeführt wird, könnten Sie am Ende einen Verlust statt eines Gewinns machen.

Darüber hinaus müssen Sie bei der Ausführung Ihrer Trades auch das Risiko von Preisänderungen berücksichtigen. Wenn der Preis von Bitcoin an Börse A steigt, bevor Sie Ihren Kaufauftrag ausführen können, könnten Sie am Ende mehr für Bitcoin bezahlen, als Sie ursprünglich geplant hatten. Dies würden Ihre potenziellen Gewinne aus Arbitrage verringern oder sogar in einen Verlust verwandeln.

Zusammenfassend lässt sich sagen, dass der Arbitrage-Handel eine potenziell profitable Strategie sein kann, wenn er richtig eingesetzt wird. Es erfordert jedoch ein hohes Maß an Fachwissen, schnelle Reaktionszeiten und eine sorgfältige Abwägung von Kosten und Risiken. Daher ist es nicht für jeden Trader geeignet und sollte nur von erfahrenen Tradern mit einem guten Verständnis der zugrunde liegenden Mechanismen und Risiken durchgeführt werden.

Die Arbitrage-Strategie erfordert in der Regel eine erhebliche Menge an Kapital. Da Sie gleichzeitig kaufen und verkaufen, müssen Sie über genügend Kapital verfügen, um beide Positionen abzudecken. Darüber hinaus müssen Sie auch über genügend Kapital verfügen, um potenzielle Verluste abzudecken, falls sich der Markt gegen Sie bewegt.

BITCOIN ERFOLG Ein Guide für Krypto-Fans

Ein weiterer wichtiger Aspekt des Arbitrage-Handels ist die Notwendigkeit, ständig auf dem Laufenden zu bleiben. Da die Preise an verschiedenen Börsen ständig schwanken, müssen Sie die Preise ständig überwachen und bereit sein, schnell zu handeln, wenn sich eine Arbitragemöglichkeit ergibt. Dies kann zeitaufwändig sein und erfordert eine ständige Beobachtung des Marktes.

Trotz dieser Herausforderungen kann der Arbitrage-Handel eine effektive Strategie sein, um Gewinne auf dem Kryptowährungsmarkt zu erzielen. Mit der richtigen Planung, Recherche und Ausführung kann es eine wertvolle Ergänzung für Ihr Handelsportfolio sein.

4.2.16 Volumenhandel

Beim Volumenhandel geht es in erster Linie darum, das Handelsvolumen von Bitcoin zu analysieren, um Signale und Hinweise für den weiteren Kursverlauf abzuleiten. Die Grundidee ist, dass das Volumen Aufschluss über die Stärke einer Preisbewegung geben kann.

Was ist das Handelsvolumen?

Das Handelsvolumen gibt an, wie viele Bitcoins an einer Börse gehandelt werden. Es misst also den gehandelten Betrag.

Ein hohes Volumen deutet auf starkes Interesse und erhebliche Preisbewegungen hin. Ein schwindendes Volumen kann auf eine Erschöpfung der Bewegung hindeuten.

Volumenanalyse im Bitcoin-Handel

Die Volumenanalyse zielt darauf ab, Trendänderungen oder die Fortsetzung von Trends anhand ungewöhnlicher Volumenänderungen frühzeitig zu erkennen.

Beispiele:

Wenn der Bitcoin Kurs auf ein neues Hoch steigt, aber mit deutlich geringerem Volumen als die vorherigen Höchststände, besteht eine hohe Wahrscheinlichkeit, dass die Rallye bald enden wird.

Wenn der Bitcoin-Preis nach unten ausbricht, aber mit hohem Volumen, ist dies ein starkes Verkaufssignal und ein neuer Abwärtstrend ist wahrscheinlich.

Wenn das Volumen in einer Handelsspanne abrupt ansteigt, deutet dies oft auf einen bevorstehenden Ausbruch in die eine oder andere Richtung hin.

Volumenhandel in der Praxis

Für den Volumenhandel benötigen Sie ein Diagramm, das nicht nur den Preisverlauf, sondern auch das Volumen anzeigt, z. B. ein Volumenbalkendiagramm. Es gilt, starke Volumenveränderungen genau im Auge zu behalten und in Relation zum Kursverlauf zu setzen.

Meistens wird die Volumenanalyse mit Charttechnik und anderen Indikatoren kombiniert, um robustere Handelssignale zu erhalten.

Volumen allein reicht selten aus. Aber in Kombination mit anderen Signalen und vor allem mit Erfahrungen, wenn hohe/niedrige Volumina signifikant sind, kann es Handelsentscheidungen optimieren und das Timing verbessern.

Der Vorteil des Volumenhandels besteht darin, dass es sich um eine recht einfache und leicht verständliche Methode handelt. Es sollte in keinem Repertoire eines Bitcoin-Händlers fehlen.

Der Volumenhandel kann grundsätzlich sowohl auf kurzfristige Daytrading- als auch auf längerfristige Handelsstrategien angewendet werden.

Die Analyse von Handelsvolumina eignet sich jedoch am besten für kurzfristige Entscheidungen im Bereich von Minuten bis zu wenigen Tagen.

Beim Daytrading ist die Beobachtung von Volumenänderungen besonders nützlich, da starke Volumenschwankungen oft einige Stunden oder Tage vor einer Trendwende oder einem Ausbruch auftreten. Diese können für schnelle Gewinne verwendet werden.

Bei längerfristigen Investitionen über Wochen und Monate spielt das aktuelle Tagesvolumen meist eine untergeordnete Rolle. Hier liegt der Fokus eher auf fundamentalen Trends.

Dennoch können auch bei langfristigen Entscheidungen große Volumenänderungen als Bestätigung oder Warnung für Trendänderungen verwendet werden.

Grundsätzlich eignet sich der Volumenhandel am besten für den Basiswert, der sehr technisch getrieben ist und bei dem viele kurzfristige Händler aktiv sind. Im Falle von Bitcoin als spekulationsgetriebenem Vermögenswert funktioniert die Volumenanalyse daher gut.

Für langfristige Investitionen ist es ein mögliches Add-on, aber nicht unbedingt zentral. Der Fokus des Volumenhandels liegt klar auf kurzfristigen Entscheidungen und Daytrading.

Kapitel 5

Risikomanagement

Risikomanagement ist ein unverzichtbarer Bestandteil jeder Handelsstrategie, insbesondere wenn es um volatile Vermögenswerte wie Bitcoin geht. Das Verständnis und die Kontrolle von Risiken sind entscheidend, um potenzielle Verluste zu minimieren und gleichzeitig die Rentabilität zu maximieren.

5.1. Das Risiko verstehen

Risiko ist ein Begriff, der verwendet wird, um die Möglichkeit von Verlust oder Beschädigung zu beschreiben. Im Zusammenhang mit Bitcoin-Spekulationen bezieht sich das Risiko auf die Möglichkeit, dass der Wert Ihrer Bitcoin-Investition sinkt. Dies kann auf eine Vielzahl von Faktoren zurückzuführen sein, einschließlich, aber nicht beschränkt auf Marktvolatilität, regulatorische Änderungen und technologische Risiken.

5.1.1. Marktrisiko

BITCOIN ERFOLG Ein Guide für Krypto-Fans

Das Marktrisiko, auch als systematisches Risiko bezeichnet, bezieht sich auf das Risiko, das mit dem gesamten Markt verbunden ist, und nicht auf einen bestimmten Vermögenswert oder eine bestimmte Anlage. Im Zusammenhang mit Bitcoin-Spekulationen bezieht sich das Marktrisiko auf Faktoren, die sich auf den gesamten Kryptowährungsmarkt auswirken können.

Ein Beispiel für das Marktrisiko im Bitcoin-Handel ist die regulatorische Unsicherheit. Da Kryptowährungen ein neues Phänomen sind, sind viele Regierungen und Regulierungsbehörden noch dabei, ihre Haltung und regulatorischen Rahmenbedingungen zu definieren. Änderungen in der Regulierung können sich auf den gesamten Kryptowährungsmarkt auswirken, unabhängig von den individuellen Eigenschaften oder der Leistung von Bitcoin.

Ein weiteres Beispiel für Marktrisiken ist das Risiko der Marktmanipulation. Da der Bitcoin-Markt im Vergleich zu traditionelleren Anlageklassen klein ist, kann er anfälliger für Manipulationen sein. Große Akteure, die weit über 1000 Bitcoin besitzen, die als "Wale" bezeichnet werden, können möglicherweise den Preis von Bitcoin beeinflussen, indem sie große Mengen kaufen oder verkaufen.

BITCOIN ERFOLG Ein Guide für Krypto-Fans

Um das Marktrisiko zu managen, ist es wichtig, eine diversifizierte Anlagestrategie zu haben. Das bedeutet, dass Sie nicht alle Ihre Investitionen in Bitcoin oder Kryptowährungen im Allgemeinen halten sollten. Eine breite Diversifizierung Ihrer Anlagen über verschiedene Anlageklassen hinweg kann dazu beitragen, das Risiko zu minimieren.Darüber hinaus ist es entscheidend, die Nachrichten und Entwicklungen auf dem Kryptowährungsmarkt zu verfolgen. Dies kann Ihnen helfen, potenzielle Risiken frühzeitig zu erkennen und entsprechend zu handeln. Ein weiterer Aspekt des Managements von Marktrisiken ist der Einsatz von Risikomanagementinstrumenten. Hier kommt wieder das altbekannte Instrument der Stop-Loss-Order, also ein Auftrag, eine Position zu verkaufen, wenn der Preis auf einen bestimmten Wert fällt, zur Anwendung. Dies kann dazu beitragen, potenzielle Verluste zu begrenzen, wenn der Preis von Bitcoin fällt.

Das Marktrisiko kann nicht vollständig ausgeschlossen werden. Es ist ein fester Bestandteil von Investitionen und Spekulationen. Das Ziel des Risikomanagements ist es daher nicht, Risiken vollständig auszuschließen, sondern sie zu verstehen und zu steuern, um das Risiko-Rendite-Verhältnis zu optimieren.

5.1.2 Liquiditätsrisiko

Das Liquiditätsrisiko ist ein weiterer wichtiger Aspekt, den Bitcoin-spekulanten berücksichtigen müssen. Es bezieht sich auf das Risiko, dass ein Anleger nicht in der Lage sein wird, seine Position schnell genug zu liquidieren, ohne den Marktpreis wesentlich zu beeinflussen. Mit anderen Worten, es ist das Risiko, dass Sie Ihre Bitcoins nicht schnell genug verkaufen können, wenn der Preis fällt, oder dass Sie nicht in der Lage sein werden, genügend Bitcoins zu kaufen, wenn der Preis steigt, ohne den Preis selbst zu beeinflussen.

BITCOIN ERFOLG Ein Guide für Krypto-Fans

Die Liquidität eines Marktes wird durch die Anzahl der Käufer und Verkäufer und das Volumen ihrer Trades bestimmt. Ein Markt mit hoher Liquidität hat viele Käufer und Verkäufer und ein hohes Handelsvolumen, was bedeutet, dass Sie Ihre Bitcoins wahrscheinlich schnell verkaufen oder kaufen können, ohne den Preis wesentlich zu beeinflussen. Ein Markt mit geringer Liquidität hingegen hat nur wenige Käufer und Verkäufer und ein geringes Handelsvolumen, was bedeutet, dass Sie möglicherweise Schwierigkeiten haben könnten, Ihre Bitcoins schnell zu verkaufen oder zu kaufen, ohne den Preis wesentlich zu beeinflussen.

Im Zusammenhang mit Bitcoin-Spekulationen kann das Liquiditätsrisiko erhebliche Auswirkungen haben. Wenn der Bitcoin-Markt illiquide wird, kann es schwierig sein, Ihre Position zu liquidieren, wenn der Preis fällt. Dies kann zu erheblichen Verlusten führen, wenn Sie gezwungen sind, Ihre Bitcoins zu einem ungünstigen Preis zu verkaufen. Ebenso könnte es schwierig sein, Bitcoins zu kaufen, wenn der Preis steigt, was dazu führen könnte, dass Ihnen potenzielle Gewinne entgehen.

Es gibt folglich mehrere Faktoren, die die Liquidität des Bitcoin-Marktes beeinflussen können. Die Gesamtzahl der Bitcoin-Nutzer, die Anzahl der aktiven Börsen und Handelsplattformen, die Regulierung des Bitcoin-Marktes und die allgemeine Marktstimmung. Wenn die Anzahl der Bitcoin-Nutzer oder aktiven Börsen und Handelsplattformen abnimmt, könnte dies die Liquidität des Marktes verringern. In ähnlicher Weise könnte eine strenge Regulierung des Bitcoin-Marktes oder eine negative Marktstimmung dazu führen, dass weniger Menschen bereit sind, mit Bitcoins zu handeln, was ebenfalls die Liquidität verringern könnte.Um das Liquiditätsrisiko zu managen, ist es wichtig, den Bitcoin-Markt sorgfältig zu beobachten und die Liquidität des Marktes zu berücksichtigen, bevor eine Handelsentscheidung getroffen wird Man sollte bei mehreren Börsen investiert sein, sollte eine Börse illiquide sein und man kann seine Position aufgrund dessen nicht liquidieren.

Das Liquiditätsrisiko ist insgesamt ein wichtiger Faktor, den Bitcoin-Spekulanten berücksichtigen sollten.

5.1.3 Kontrahenten Risiko

BITCOIN ERFOLG Ein Guide für Krypto-Fans

Das Kontrahenten Risiko ist ein zentrales Element in der Welt der Finanztransaktionen und spielt auch im Rahmen der Bitcoin-Spekulation eine wichtige Rolle. Es bezieht sich auf das Risiko, dass die Gegenpartei ihren Verpflichtungen aus einer Finanztransaktion nicht nachkommt. Dies kann zu erheblichen finanziellen Verlusten führen und die Rentabilität einer Investition oder Spekulation erheblich beeinträchtigen.

Beim Bitcoin-Handel kann das Kontrahenten Risiko in verschiedenen Formen auftreten. Eine der häufigsten Formen ist das Risiko, dass eine Kryptowährungsbörse, an der Sie mit Bitcoin handeln, scheitert oder gehackt wird. In der Vergangenheit gab es mehrere Fälle, in denen Kryptowährungsbörse gehackt oder gezwungen wurden, Insolvenz anzumelden, was zu erheblichen Verlusten für die Nutzer führte. Ein bekanntes Beispiel ist der Fall der Mt. Gox-Börse, bis dahin größte Bitcoin-Börse der Welt, die 2014 Insolvenz anmelden musste, nachdem sie gehackt worden war und Bitcoins im Wert von Hunderten von Millionen Dollar verloren hatte. Oder, aktuell, die viel diskutierte Pleite von FTX, eine der ehemals größten Krypto Börsen weltweit.

BITCOIN ERFOLG Ein Guide für Krypto-Fans

Ein weiteres Beispiel ist das Risiko, dass der Emittent eines Bitcoin-Derivats oder -Finanzprodukts seinen Verpflichtungen nicht nachkommt. Wenn Sie beispielsweise einen Bitcoin-Futures-Kontrakt kaufen, setzen Sie sich dem Risiko aus, dass der Emittent des Kontrakts seinen Verpflichtungen nicht nachkommen kann.

Um das Kontrahenten Risiko zu steuern, ist es wichtig, eine sorgfältige Due Diligence durchzuführen und nur mit seriösen und regulierten Börsen und Finanzinstituten zu handeln. Auch, wie schon erwähnt, sollte man mit mehreren Börsen zusammenarbeiten. Wegen der Risikoverteilung.

Weitere Sicherheitsvorkehrungen sind die Benutzung von Hardware-Wallets, um Ihre Bitcoins sicher aufzubewahren, die Zwei-Faktor-Authentifizierung auf Ihren Handelskonten zu aktivieren und Ihre Software und Geräte regelmäßig zu aktualisieren.

Das Kontrahenten Risiko kann jedoch, ebenso wie das Marktrisiko nicht vollständig eliminiert werden kann. Es ist ein inhärenter Bestandteil von Investitionen und Spekulationen.

BITCOIN ERFOLG Ein Guide für Krypto-Fans

Es gibt auch andere Formen des Kontrahenten Risikos, die spezifisch für den Bitcoin-Handel sind. Zum Beispiel kann eine Börse, an der Sie mit Bitcoin handeln, plötzlich ihre Gebühren erhöhen oder ihre Handelsregeln ändern, was zu unerwarteten Verlusten führen kann. Oder es könnte sein, dass ein Broker, mit dem Sie Bitcoin handeln, plötzlich seine Margin-Anforderungen erhöht, was dazu führen kann, dass Sie mehr Geld auf Ihr Handelskonto einzahlen müssen, um Ihre Positionen offen zu halten.

Es ist auch wichtig, immer einen Notfallplan zu haben und schnell handeln zu können, wenn sich die Marktbedingungen ändern.

5.2. Strategien zur Risikominderung

5.2.1. Diversifizierung

Hier geht es um eine grundlegende Anlagestrategie, die darauf abzielt, das Risiko zu reduzieren, indem die eigenen Anlagen auf eine Vielzahl von Vermögenswerten verteilt werden. Die Idee ist einfach: "Legen Sie nicht alle Eier in einen Korb". Im Kontext der Bitcoin-Spekulation bedeutet dies, dass man nicht nur in Bitcoin, sondern auch in andere Kryptowährungen oder sogar in andere

Arten von Vermögenswerten wie Aktien, Anleihen oder Rohstoffe investieren sollte.

Warum ist Diversifikation so wichtig? Stellen Sie sich vor, Sie investieren Ihr gesamtes Kapital in Bitcoin und der Preis fällt plötzlich um 50%. Ihr Portfolio würde einen erheblichen Schlag erleiden. Hätten Sie Ihr Kapital jedoch auf verschiedene Vermögenswerte verteilt, wäre der Verlust wahrscheinlich weniger drastisch ausgefallen, da nicht alle Vermögenswerte zur gleichen Zeit oder im gleichen Ausmaß fallen.

Ein praktisches Beispiel für die Diversifizierung auf dem Krypto Markt könnte so aussehen: Anstatt Ihr gesamtes Kapital in Bitcoin zu investieren, könnten Sie 50 % in Bitcoin, 20 % in Ethereum, 10 % in Litecoin, 10 % in Ripple und 10 % in andere Altcoins investieren. Auf diese Weise könnten die anderen Kryptowährungen in Ihrem Portfolio, wenn der Preis von Bitcoin fällt, an Wert gewinnen und die Verluste ausgleichen.

Es ist jedoch wichtig zu beachten, dass Diversifizierung nicht bedeutet, einfach wahllos in eine Vielzahl von Vermögenswerten zu investieren. Eine effektive Diversifikation erfordert eine sorgfältige Auswahl von Vermögenswerten, die eine geringe Korrelation zueinander aufweisen. Das bedeutet, dass sie dazu neigen, sich nicht zur gleichen Zeit oder in die gleiche Richtung zu bewegen. Auf diese Weise ist es wahrscheinlicher, dass ein anderer Vermögenswert an Wert gewinnt, wenn ein anderer Vermögenswert an Wert verliert.

Darüber hinaus sollte die Diversifikation auf einer gründlichen Analyse und einem Verständnis jedes Vermögenswerts und seiner Risiken basieren.

Zusammenfassend lässt sich sagen, dass Diversifikation eine effektive Strategie zur Risikominderung bei Bitcoin-Spekulationen ist. Indem Sie Ihre Investitionen auf eine Vielzahl von Vermögenswerten verteilen, können Sie das Risiko reduzieren und Ihre Chancen auf erfolgreiche Spekulationen erhöhen. Aber wie bei jeder Anlagestrategie ist, es wichtig, seine Hausaufgaben zu machen und sorgfältige Anlageentscheidungen zu treffen.

5.2.2 Stop-Loss- und Take-Profit-Orders

Auf dem dynamischen und oft unvorhersehbaren Kryptowährungsmarkt sind Stop-Loss- und Take-Profit-Orders unverzichtbare Werkzeuge für jeden Händler. Sie bieten eine automatisierte Methode, der Gewinnsicherung und Verlustbegrenzung, was sie für ein effektives Risikomanagement von entscheidender Bedeutung macht.

Wenn Sie beispielsweise Bitcoin zu einem Preis von 28.000 $ kaufen und eine Stop-Loss-Order bei 27.000 $ setzen. Fällt der Preis von Bitcoin auf 27.000 $ fällt, schließt Ihr Broker Ihre Position automatisch, um weitere Verluste zu begrenzen.

Auf der anderen Seite steht eine Take-Profit-Order. Wenn Sie beispielsweise Bitcoin zu einem Preis von 28.000 $ kaufen und eine Take-Profit-Order zu 29.000 $ platzieren, schließt Ihr Broker Ihre Position automatisch, wenn der Bitcoin-Preis 29.000 USD erreicht, und sichert Ihre Gewinne.

Aufgrund der Hypervolatilität sind jene eben beschriebenen Techniken im Bitcoin-Handel besonders wichtig. Ohne diese Aufträge könnten Sie gezwungen sein, den Markt ständig zu überwachen und manuell zu handeln, was sowohl zeitaufwändig als auch stressig sein kann. Derartige Techniken sind jedoch nicht perfekt. In Zeiten hoher Volatilität kann sich der Markt so schnell bewegen, dass Ihre Aufträge nicht zum gewünschten Preis ausgeführt werden. Dies wird als "Slippage" bezeichnet und kann dazu führen, dass Sie weniger Gewinne erzielen oder größere Verluste als erwartet erleiden. Daher ist es wichtig, Ihre Aufträge sorgfältig zu platzieren.

Daraus ergibt sich, dass jene Techniken leistungsstarke Werkzeuge sind, die jedem Bitcoin-Händler zur Verfügung stehen. Durch die Automatisierung Ihrer Handelsstrategie und die Begrenzung Ihrer potenziellen Verluste können sie Ihnen helfen, Risiken zu managen und Ihre Rentabilität zu verbessern. Aber wie bei jedem Tool ist es wichtig, sie richtig zu verwenden und ihre Grenzen zu verstehen. Bei sorgfältiger Planung und ständiger Überwachung können Stop-Loss- und Take-Profit-Orders ein wesentlicher Bestandteil Ihrer Bitcoin-Spekulationsstrategie sein.

BITCOIN ERFOLG Ein Guide für Krypto-Fans

5.2.3. Risikokapitalmanagement

Risikokapitalmanagement, auch bekannt als Geldmanagement, ist ein entscheidender Aspekt jeder Handelsstrategie, insbesondere in einem volatilen Markt wie Bitcoin. Es bezieht sich auf die Praktiken und Techniken, die ein Händler anwendet, um sein Kapital zu schützen und das Risiko von Verlusten zu verringern.

Die Grundidee ist einfach: Nur Geld investieren, das man auch verlieren kann. Bitcoin ist eine hochspekulative Investition, und obwohl es das Potenzial für hohe Renditen gibt, besteht auch das Risiko erheblicher Verluste. Daher ist es wichtig, dass das Geld, das Sie in Bitcoin investieren, nicht für wichtige finanzielle Verpflichtungen wie Miete, Rechnungen oder Lebenshaltungskosten benötigt wird.

Ein weiterer wichtiger Aspekt ist die Diversifikation. Anstatt Ihr gesamtes Kapital in Bitcoin zu investieren, sollten Sie in verschiedene Anlageklassen investieren, um das Risiko zu streuen. Dazu können andere Kryptowährungen, Aktien, Anleihen, Rohstoffe oder Immobilien gehören. Verluste in einer Anlageklasse können durch Gewinne in einer anderen ausgeglichen werden.

BITCOIN ERFOLG Ein Guide für Krypto-Fans

Stop-Loss- und Take-Profit-Orders sind, wie bereits erwähnt, ein weiteres wichtiges Instrument und sollten ein integraler Bestandteil Ihrer Handelsstrategie sein.

Auch die Positionsgröße ist von Bedeutung. Sie sollten nie mehr als einen bestimmten Prozentsatz Ihres Kapitals in eine einzige Position investieren. Ein gängiger Ratschlag ist, niemals mehr als 1-2% Ihres Kapitals in eine einzige Position zu investieren. Dies hilft, das Risiko zu begrenzen, wenn eine Position gegen Sie läuft.

Schließlich ist es wichtig, die Kontrolle über Ihre Emotionen zu haben. Trading kann eine emotionale Achterbahnfahrt sein, und es ist leicht, sich von Gier oder Angst mitreißen zu lassen. Aber emotionale Entscheidungen führen oft zu schlechten Handelsentscheidungen. Wichtig sind Disziplin und ein kühler Kopf.

5.3 Umgang mit Verlusten

5.3.1 Emotionales Management
BITCOIN ERFOLG Ein Guide für Krypto-Fans

Emotionales Management ist ein entscheidender Aspekt des Handels, insbesondere im volatilen Markt wie Bitcoin. Die Volatilität von Bitcoin kann starke Emotionen hervorrufen, die die Entscheidungsfindung beeinflussen und oft zu schlechten Handelsentscheidungen führen. Emotionen wie Gier, Angst, Hoffnung und sogar Verzweiflung können die rationale Analyse überschatten und zu impulsiven Entscheidungen führen, die das Risiko erhöhen. Daher ist es von entscheidender Bedeutung, Strategien zu entwickeln und umzusetzen, um die Handelsemotionalität zu steuern.

Zunächst einmal ist es wichtig, sich bewusst zu sein, dass Emotionen beim Handel eine Rolle spielen. Selbst der erfahrenste Trader ist nicht immun gegen die emotionalen Höhen und Tiefen, die mit großen Gewinnen und Verlusten einhergehen. Das Bewusstsein für diese Emotionen ist der erste Schritt, um mit ihnen umzugehen. Einige Trader finden es hilfreich, ein Trading-Tagebuch zu führen, in dem sie ihre Emotionen und Gedanken während des Handelstages aufzeichnen. Dies kann helfen, Muster im emotionalen Verhalten zu erkennen und Strategien für den Umgang mit diesen Emotionen zu entwickeln.

BITCOIN ERFOLG Ein Guide für Krypto-Fans

Eine der effektivsten Strategien zum Umgang mit Emotionen im
Handel besteht darin, klare Handelsziele festzulegen und Stop-
Loss- und Take-Profit-Orders festzulegen. Diese Strategie trägt
dazu bei, emotionale Entscheidungen zu minimieren, indem
klare Parameter für den Ein- und Ausstieg aus Trades festgelegt
werden. Zum Beispiel könnte ein Händler entscheiden, dass er
bereit ist, einen Verlust von 5 % zu akzeptieren. Und einen
Gewinn von 15 % anstrebt. Indem er sich diese Ziele vor dem
Handel setzt, kann er emotionale Entscheidungen während des
Handels minimieren.darüber hinaus kann das Üben von
Achtsamkeits- und Stressbewältigungstechniken helfen, einen
klaren Kopf zu bewahren und emotionale Reaktionen zu
minimieren. Achtsamkeitstechniken wie Meditation und
bewusstes Atmen können helfen, den Geist zu beruhigen und
die Konzentration zu verbessern. Stressbewältigungstechniken
wie regelmäßige Bewegung und ausreichend Schlaf können
dazu beitragen, das allgemeine Stressniveau zu senken und die
Fähigkeit zu verbessern, mit Handelsstress umzugehen.

Es ist auch wichtig, regelmäßige Handelspausen einzulegen, um Burnout zu vermeiden und eine gesunde Work-Life-Balance aufrechtzuerhalten. Kontinuierliches Handeln kann zu geistiger Erschöpfung führen, was die Entscheidungsfindung beeinträchtigen und das Risiko erhöhen kann. Daher ist es wichtig, regelmäßig Pausen einzulegen.

Schließlich ist es wichtig zu erkennen, dass Emotionen im Handel nicht vollständig eliminiert werden können. Emotionen sind ein natürlicher Teil der menschlichen Erfahrung und können nicht vollständig aus dem Handelsprozess entfernt werden. Stattdessen sollte das Ziel darin bestehen, diese Emotionen zu managen und zu kontrollieren, um bessere Handelsentscheidungen zu treffen.

Insgesamt ist emotionales Management ein entscheidender Aspekt für erfolgreiches Trading.

5.3.2. Aus Fehlern lernen

Fehler sind ein unvermeidlicher Teil des Handels. Jeder Trader, unabhängig von seiner Erfahrung oder seinem Fachwissen, wird irgendwann Fehler machen. Was jedoch einen erfolgreichen Trader von einem erfolglosen Trader unterscheidet, ist die Fähigkeit, aus diesen Fehlern zu lernen und sie als Chance zur Verbesserung zu nutzen.

Jeder Handelsverlust sollte als Lerngelegenheit gesehen werden. Anstatt einen Verlust als Misserfolg zu sehen, sollte er als Chance zum Nachdenken und Verbessern gesehen werden. Analysieren Sie, was schiefgelaufen ist und warum der Handel nicht wie erwartet verlaufen ist.

Finden Sie heraus, was Sie hätten, anders machen können und wie Sie ähnliche Fehler in Zukunft vermeiden können. Integrieren Sie diese Erkenntnisse in Ihre zukünftige Handelsstrategie, um Ihre Handelsleistung kontinuierlich zu verbessern.

BITCOIN ERFOLG Ein Guide für Krypto-Fans

Ein Handelsjournal kann ein wertvolles Werkzeug sein, um aus Fehlern zu lernen. In diesem Tagebuch können Sie Details zu jedem Trade aufzeichnen, einschließlich der von Ihnen verwendeten Strategie, der Gründe für den Einstieg in den Trade, der Emotionen, die Sie zum Zeitpunkt des Trades hatten, und des Ergebnisses des Trades. Sie können sich auch Notizen zu den Lektionen machen, die Sie aus dem Handel gelernt haben, und zu den Änderungen, die Sie als Ergebnis dieser Lektionen an Ihrer Handelsstrategie vornehmen möchten.

Durch die regelmäßige Überprüfung Ihres Handelstagebuchs können Sie Muster in Ihrem Handelsverhalten erkennen, einschließlich wiederkehrender Fehler, die Sie machen, oder bestimmter Emotionen oder Denkmuster, die Ihre Handelsentscheidungen beeinflussen. Diese Erkenntnisse können Ihnen helfen, Bereiche zu identifizieren, die verbessert werden müssen, und spezifische Strategien zur Verbesserung Ihrer Handelsleistung zu entwickeln.

Es ist auch wichtig, einen offenen und lernwilligen Geist zu bewahren. Trading ist ein ständiger Lernprozess, und selbst die erfahrensten Trader haben noch Raum für Verbesserungen. Seien Sie bereit, Feedback und Kritik anzunehmen und suchen Sie aktiv nach Möglichkeiten, sich fortzubilden, was selbstverständlich auch im Selbststudium möglich ist.

Etwa durch das Lesen von Handelsbüchern. Auch die Teilnahme an Handelskursen oder die Suche nach Mentoring durch erfahrene Händler kann eine sinnvolle Ergänzung sein.

5.3.3. Risikomanagement Strategie

Sie sind ein wesentlicher Bestandteil im Handel, insbesondere in einem volatilen Markt wie Bitcoin. Es geht darum, sich von Handelsverlusten zu erholen und Ihre Handelsleistung zu verbessern. Diese Strategien können je nach Ihrer spezifischen Situation, Ihren Handelszielen und Ihrer Risikotoleranz variieren.

BITCOIN ERFOLG Ein Guide für Krypto-Fans

Eine gängige Strategie ist das "Scale-in". Dies ist der Prozess, bei dem Sie Ihre Position in einem Vermögenswert allmählich erhöhen, wenn der Preis fällt, um Ihren durchschnittlichen Einstiegspreis zu senken. Angenommen, Sie haben Bitcoin für 30.000 US-Dollar gekauft und der Preis fällt auf 29.000 US-Dollar. Anstatt zu verkaufen und einen Verlust zu realisieren, könnten Sie stattdessen mehr Bitcoin kaufen. Wenn der Preis dann wieder steigt, haben Sie Ihren durchschnittlichen Einstiegspreis gesenkt und können möglicherweise einen Gewinn erzielen. Diese Strategie kann jedoch riskant sein, wenn der Preis weiter fällt, und erfordert eine sorgfältige Überwachung und ein sorgfältiges Risikomanagement.

Eine andere Strategie ist das "Reduzieren von Verlusten", bei dem Sie Ihre Verlustpositionen schließen, um weitere Verluste zu vermeiden.

Diese Strategie kann besonders nützlich sein, wenn man von fallenden Preisen ausgeht. Das kann helfen, größere Verluste zu vermeiden.

BITCOIN ERFOLG Ein Guide für Krypto-Fans

Es gibt auch andere „Wiederherstellungsstrategien", die Sie in Betracht ziehen könnten. Etwa "Hedging", bei dem Sie eine Position eingehen, die Ihre bestehende Position absichert. Wenn Sie beispielsweise Bitcoin halten und glauben, dass der Preis fallen könnte, könnten Sie eine Short-Position in einem Bitcoin-Derivat eingehen, um potenzielle Verluste auszugleichen.Eine weitere Strategie ist das "Rebalancing", bei dem Sie Ihre Portfolioallokation anpassen, um Ihr Risiko zu reduzieren und Ihre Rendite zu maximieren. Wenn der Preis von Bitcoin stark gestiegen ist und nun einen größeren Teil Ihres Portfolios ausmacht, könnten Sie einen Teil Ihren Bitcoin verkaufen und in andere Vermögenswerte investieren, um Ihr Portfolio neu auszubalancieren.

Unabhängig davon, für welche Strategie Sie sich entscheiden, ist es wichtig, dass Ihre Strategie mit Ihrem allgemeinen Risikomanagementplan und Ihren Handelszielen übereinstimmt. Hierbei sollte man geduldig zu sein und nicht zu versuchen, Verluste durch Überhandel oder Risiko auszugleichen. Stattdessen sollten Sie sich auf die langfristige Perspektive konzentrieren und stetig und methodisch daran arbeiten, Ihre Handelsleistung zu verbessern.

Schließlich ist es wichtig zu beachten, dass kein Wiederherstellungsplan ohne eine gründliche Nachbesprechung und Analyse vollständig ist. Nach einem Verlust ist es wichtig, die Ursachen zu verstehen, die zum Verlust geführt haben, und Maßnahmen zu ergreifen, um ähnliche Fehler in Zukunft zu vermeiden. Dies kann durch eine gründliche Überprüfung Ihrer Handelsdaten oder die Beratung von Mentoren oder Eigenstudium erreicht werden.

Kapitel 6

Rechtliche und regulatorische Aspekte

6.1 Globale regulatorische Landschaft

Die regulatorische Landschaft für Bitcoin und andere Kryptowährungen ist weltweit sehr unterschiedlich und entwickelt sich ständig weiter. Als Trader muss man die Möglichkeit diese Entwicklungen aus nächster Nähe zu beobachten und zu analysieren absolut wahrnehmen.

6.1.1 Regulierung in den USA

In den USA wird Bitcoin von verschiedenen Bundes- und Landesaufsichtsbehörden beaufsichtigt. Die Securities and Exchange Commission (SEC) betrachtet bestimmte Arten von Kryptowährungen als Wertpapiere und reguliert sie entsprechend. Die Commodity Futures Trading Commission (CFTC) betrachtet Bitcoin als Rohstoff und hat die Befugnis, Futures- und Derivatemärkte zu regulieren. Darüber hinaus haben einzelne Bundesstaaten, wie z. B. New York, ihre eigenen spezifischen Vorschriften, wie z. B. die BitLicense, die Unternehmen benötigen, um Kryptowährungsdienste im Bundesstaat anzubieten.

Ein konkretes Beispiel für die Auswirkungen dieser Regulierung ist die Haltung der SEC zu Bitcoin-ETFs. Mehrere Anträge für Bitcoin-ETFs wurden von der SEC abgelehnt, hauptsächlich aufgrund von Bedenken hinsichtlich Marktmanipulation und mangelnder Marktüberwachung. Dies hat sich erheblich auf die Art und Weise ausgewirkt, wie Anleger in den USA in Bitcoin investieren können.

6.1.2 Regulierung in Europa

In Europa ist die Regulierung von Bitcoin ebenfalls fragmentiert, wobei jeder Mitgliedstaat seine eigenen spezifischen Vorschriften hat. Die Europäische Union hat jedoch einige allgemeine Richtlinien herausgegeben, insbesondere in Bezug auf die Anforderungen zur Bekämpfung von Geldwäsche (AML) und Know Your Customer (KYC).

Ein Beispiel für die Auswirkungen dieser Verordnung ist die 5. EU-Richtlinie zur Bekämpfung der Geldwäsche, die Kryptowährungsbörsen und Wallet-Anbieter verpflichtet, KYC-Verfahren durchzuführen. Dies hat dazu geführt, dass einige Börsen ihre Dienstleistungen für europäische Kunden eingeschränkt oder sogar eingestellt haben.

6.1.3 Regulierung in Asien

In Asien ist die Regulierung von Bitcoin von Land zu Land sehr unterschiedlich. In China sind beispielsweise Kryptowährungsbörsen und Initial Coin Offerings (ICOs) verboten, während in Japan Bitcoin als gesetzliches Zahlungsmittel anerkannt ist und Kryptowährungsbörsen von der Financial Services Agency reguliert werden.

Ein Beispiel für die Auswirkungen dieser Regulierung ist der "Krypto-Exodus" aus China nach dem Verbot von Kryptowährungsbörsen im Jahr 2017. Viele chinesische Unternehmen und Händler haben ihre Aktivitäten in andere, freundlichere Länder wie Japan oder Singapur verlagert.

6.1.4 Offshore-Regulierung

Offshore-Regulierung bezieht sich auf die Regulierung von Bitcoin in Ländern mit laxeren Vorschriften, oft mit dem Ziel, Kryptowährungsunternehmen anzuziehen. Beispiele hierfür sind Malta und die Kaimaninseln, die beide versuchen, sich als "Krypto-Oasen" zu positionieren. Sehr interessant ist hierbei auch El Salvador zu nennen wo Bitcoin als gesetzliches Zahlungsmittel im Jahre 2021 eingeführt wurde. Überhaupt kann, aus meiner Sicht, Südamerika überhaupt als eher Krypto freundlich eingestuft werden.

BITCOIN ERFOLG Ein Guide für Krypto-Fans

Ein weiteres Beispiel für die Auswirkungen dieser Regulierungen ist die Verlagerung von Binance, der weltweit größten Kryptowährungsbörse, von China nach Malta aufgrund des freundlicheren regulatorischen Umfelds.

Insgesamt ist die regulatorische Landschaft für Bitcoin komplex und ändert sich ständig. Man muss einfach auf dem Laufenden bleiben und Krypto spezifische Nachrichten intensiv verfolgen. Es ist auch wichtig, sich daran zu erinnern, dass die Regulierung zwar manchmal als Hindernis angesehen wird, aber auch dem Schutz der Anleger und der Gewährleistung der Integrität der Märkte dient.

6.2 Steuerliche Aspekte der Bitcoin-Spekulation

Die steuerlichen Aspekte der Bitcoin-Spekulation können komplex sein und je nach Gerichtsbarkeit variieren. Man muss sich absolut klar machen, dass Gewinne aus dem Handel mit Bitcoin in vielen Ländern steuerpflichtig sind und dass die Nichteinhaltung von Steuervorschriften schwerwiegende Folgen haben kann.

6.2.1 Besteuerung von Bitcoin-Gewinnen

BITCOIN ERFOLG Ein Guide für Krypto-Fans

In vielen Ländern, darunter die USA und viele europäische Länder, werden Gewinne aus dem Handel mit Bitcoin als Kapitalgewinne besteuert.

Angenommen, Sie kaufen 1 Bitcoin für 35.000 $ und verkaufen ihn später für 40.000 $. Ihr steuerpflichtiger Gewinn würde dann 5,000 US-Dollar betragen. Wenn Ihr Kapitalertragssteuersatz 20 % betragen würde, müssten Sie auf diesen Gewinn 1,000 US-Dollar Steuern zahlen.

6.2.2 Steuerberichterstattung und Compliance

Die Steuerberichterstattung für Bitcoin kann eine Herausforderung sein, da Sie alle Ihre Trades und Transaktionen genau aufzeichnen und melden müssen. In vielen Ländern sind Sie verpflichtet, einen jährlichen Bericht über Ihre Bitcoin-Transaktionen und -Gewinne zu erstellen.

Einige Kryptowährungsbörsen bieten Steuerberichtsfunktionen an, mit denen Sie Ihre Transaktionen verfolgen und melden können. Es kann jedoch auch ratsam sein, die Dienste eines Steuerberaters in Anspruch zu nehmen, insbesondere wenn Sie eine große Anzahl von Trades tätigen oder in mehrere Kryptowährungen investieren.

6.2.3 Steuerplanungsstrategien

Es gibt verschiedene Strategien, mit denen Sie Ihre Steuerlast minimieren und Ihre Gewinne maximieren können. Eine gängige Strategie ist die "Buy and Hold"-Strategie, bei der Sie Ihren Bitcoin über einen längeren Zeitraum halten, um in den Genuss von niedrigeren Steuersätzen für langfristige Kapitalgewinne zu kommen.

Bei der "Tax-Loss-Harvesting"-Strategie, verwenden Sie Verluste aus dem Verkauf von Bitcoin, um Gewinne aus anderen Investitionen zu kompensieren. Dies kann besonders in Jahren nützlich sein, in denen der Preis von Bitcoin gefallen ist.

Es ist wichtig zu beachten, dass sich die Steuergesetze und -vorschriften in Bezug auf Bitcoin ständig ändern und je nach Land Ihres Wohnsitzes variieren können. Gegebenenfalls ist professionelle steuerliche Beratung zu empfehlen.

6.3 Rechtliche Risiken und Erwägungen

Es gilt es eine Reihe von rechtlichen Risiken und Überlegungen zu berücksichtigen. Diese können von der Nutzung von Krypto-Börsen über die Verwahrung von Kryptowährungen bis hin zu Fragen des Datenschutzes und der Einhaltung von KYC/AML (Know Your Customer/Anti-Money-Laundering) - Vorschriften reichen. Bedeutet Identifizierung von Kunden hinsichtlich geldwäscherechtlicher Anforderungen.

6.3.1 Rechtliche Risiken und Sicherheit von Krypto-Börsen

Krypto-Börsen bieten zwar eine bequeme Möglichkeit, in den Krypto Markt einzusteigen, bergen aber auch eine Reihe rechtlicher Risiken.

Ein großes Problem ist das Risiko von Hacks und Sicherheitsverletzungen. In der Vergangenheit gab es mehrere Fälle, in denen Krypto-Börsen gehackt wurden, was zu erheblichen Verlusten für die Nutzer führte. Ein bekanntes Beispiel ist der Fall der Mt. Gox-Börse, die 2014 Insolvenz anmelden musste, nachdem sie gehackt worden war und Bitcoins im Wert von Hunderten von Millionen Dollar verloren hatte.

Ein weiteres rechtliches Risiko ist das Risiko regulatorischer Maßnahmen. Viele Krypto-Börsen bewegen sich in rechtlichen Grauzonen und können daher ins Visier der Aufsichtsbehörden geraten. Dies kann zu plötzlichen Betriebsunterbrechungen und potenziellen Verlusten für Benutzer führen.

Daher gilt zu beachten:

Es gibt eine Reihe von rechtlichen Risiken, die mit der Nutzung von Kryptowährungsbörsen verbunden sind und sowohl für Privatpersonen als auch für Unternehmen unbedingt relevant sind.

Hier sind einige der wichtigsten rechtlichen Risiken, die berücksichtigt werden sollten:

Regulatorische Unsicherheit:

Die regulatorische Landschaft für Kryptowährungen ist in vielen Ländern noch nicht vollständig verstanden. Dies kann zu Unsicherheit darüber führen, wie bestimmte Gesetze und Vorschriften auf Kryptowährungsbörsen angewendet werden. In einigen Ländern könnten Börsen beispielsweise als Geldübermittler betrachtet werden und müssten daher bestimmte Lizenzanforderungen erfüllen.

Kontrahenten Risiko:

Wie bereits erwähnt, besteht das Risiko, dass die Gegenpartei in einer Transaktion mit Bitcoin ihren Verpflichtungen nicht erfüllt. Im Zusammenhang mit Kryptowährungsbörsen könnte dies bedeuten, dass die Börse die von den Nutzern gehaltenen Kryptowährungen nicht zurückgeben kann, sei es aufgrund von Insolvenz, Betrug oder anderen Gründen.

Risiken für die Cybersicherheit:

Kryptowährungsbörsen sind attraktive Ziele für Hacker und Cyberkriminelle. Es gab mehrere Fälle, in denen Börsen gehackt und große Mengen an Kryptowährungen gestohlen wurden. Nutzer, die ihre Kryptowährungen an einer Börse lagern, setzen sich diesem Risiko aus.

Gesetzliche Haftung:

Wenn eine Börse gegen Gesetze oder Vorschriften verstößt, können Benutzer rechtlich haftbar gemacht werden, insbesondere wenn sie von den illegalen Aktivitäten der Börse profitiert haben. Dies kann zivil- oder strafrechtliche Konsequenzen haben.

Risiken im Zusammenhang mit der Anonymität:

Während einige Kryptowährungsbörsen versuchen, die Anonymität ihrer Nutzer zu wahren, können sie dennoch gesetzlich verpflichtet sein, Benutzerinformationen offenzulegen, z. B. im Rahmen von strafrechtlichen Ermittlungen oder Zivilklagen.

Um diese Risiken zu mindern, ist es wichtig, eine sorgfältige Due-Diligence-Prüfung durchzuführen, bevor Sie eine Kryptowährungsbörse nutzen. Dies könnte die Überprüfung der Einhaltung gesetzlicher Vorschriften durch die Börse, die Überprüfung ihrer Sicherheitsmaßnahmen und die Überprüfung ihrer Allgemeinen Geschäftsbedingungen umfassen.

Es ist auch ratsam, nur so viel Kryptowährung an einer Börse zu halten, wie für den Handel benötigt wird und den Rest in einer **sicheren Wallet** aufzubewahren.

EXKURS:

SICHERUNG VON BITCOIN IN EINER WALLET

Der Sinn der Absicherung in einer Wallet soll hier noch einmal für einen Überblick dargestellt werden:

Eine Krypto-Wallet ist eine Geldbörse digitaler Art. Hier werden Kryptowährungen sicher aufbewahrt. Man unterscheidet verschiedene Typen von Wallets. Diese bieten verschiedene Sicherheitsstufen.

Grundsätzlich gibt es 2 Arten:

Hot Wallets:

Softwarebasierte, die direkt mit dem Internet verbunden sind.

Cold Wallets:

Hardwarebasierte. Sind nicht direkt mit dem Internet verbunden.

Darüber hinaus gibt es noch einige weitere Wallets, die sich wie folgt unterscheiden:

1.Hardware-Wallets

Dabei handelt es sich um physische Geräte, die speziell für die Sicherheit von Kryptowährungen entwickelt wurden. Sie speichern die privaten Schlüssel des Benutzers offline auf dem Gerät und machen ihn immun gegen Online-Hacks. Beispiele für Hardware-Wallets sind Trezor und Ledger.

2.Software-Wallets

Sie speichern Ihre privaten Schlüssel auf dem Gerät, auf dem sie installiert sind. Sie sind zwar bequemer zu bedienen als Hardware-Wallets, aber anfälliger für Angriffe, da sie mit dem Internet verbunden sind.

3. Paper Wallets:

Dabei handelt es sich um physische Dokumente, die die öffentlichen und privaten Schlüssel eines Benutzers in Form eines QR-Codes enthalten. Sie sind sicher gegen Online-Hacks, da sie vollständig offline sind, aber sie können leicht verloren gehen oder beschädigt werden. Hier muss man einen privaten Schlüssel erstelle. Etwa mittels eines Online-Generators oder eines Hardware-Wallets. Der private Schlüssel ist eine geheime Zeichenfolge, die zur Autorisierung von Transaktionen benötigt wird.

Sobald dieser generiert ist, sollte er auf einem sicheren Medium gespeichert werden. Um Bitcoin auf eine paper wallet zu übertragen muss man die öffentliche Adresse der wallet kennen. Dies ist eine Zahlenfolge, die zum Senden von Kryptowährungen verwendet wird. Man kann sie auf der Paper Wallet finden.

BITCOIN ERFOLG Ein Guide für Krypto-Fans

Um Bitcoin zu übertragen, kopiert man die öffentliche Adresse und fügt sie in das Sendeformular der Krypto Börse oder des Wallet Anbieters ein.

4. Web Wallets:

Sie können als Website oder App im Browser verwendet werden. Bieten eine gute Übersicht. Sind allerdings anfälliger für Hackerangriffe.

Unabhängig davon, für welche Art von Wallet Sie sich entscheiden, ist es wichtig den privaten Schlüssel ausschließlich für sich zu behalten. Sie sollten auch regelmäßig Backups Ihrer Wallet erstellen, um sicherzustellen, dass Sie auf Ihre Kryptowährungen zugreifen können, falls Ihre Wallet verloren geht oder beschädigt wird.

Hier sollte aufgrund der Wichtigkeit noch einmal auf den privaten Schlüssel zur Hardware Wallet eingegangen werden:

BITCOIN ERFOLG Ein Guide für Krypto-Fans

Ein privater Schlüssel ist ein geheimer, kryptografisch generierter Code, der in der Blockchain-Technologie und insbesondere in Kryptowährungen wie Bitcoin verwendet wird. Es ist einzigartig und spezifisch für jedes einzelne Krypto Währungskonto oder jede einzelne Wallet.Der private Schlüssel ermöglicht es einem Benutzer, auf seine Krypto Währungsbestände zuzugreifen und Transaktionen durchzuführen. Es funktioniert im Grunde wie ein Passwort: Nur derjenige, der den privaten Schlüssel besitzt, kann die in der Wallet gespeicherten Kryptowährungen senden oder ausgeben.Wenn jemand anderes Ihren privaten Schlüssel erhält, kann er auf Ihre Kryptowährungen zugreifen und diese ausgeben. Wenn Sie Ihren privaten Schlüssel verlieren und kein Backup haben, verlieren Sie den Zugriff auf Ihre Kryptowährungen, und sie sind im Grunde für immer verloren.

Ein privater Schlüssel ist eng verwandt mit einem öffentlichen Schlüssel, der vom privaten Schlüssel abgeleitet wird und verwendet wird, um eine Adresse zu erstellen, an die andere Personen Kryptowährungen senden können. Während der öffentliche Schlüssel geteilt und veröffentlicht werden kann, sollte der private Schlüssel immer geheim und sicher aufbewahrt werden.

BITCOIN ERFOLG Ein Guide für Krypto-Fans

Ein öffentlicher Schlüssel ist eine alphanumerische Zeichenfolge, die von einem bestimmten kryptografischen Algorithmus von einem privaten Schlüssel abgeleitet wird. In der Kryptographie bilden der private und der öffentliche Schlüssel ein Schlüsselpaar, das für verschiedene Funktionen verwendet wird.

Im Zusammenhang mit Kryptowährungen wie Bitcoin wird der öffentliche Schlüssel verwendet, um eine Bitcoin-Adresse zu erstellen, an die andere Personen Bitcoin senden können. Jeder kann den öffentlichen Schlüssel sehen und verwenden, um Ihnen Bitcoin zu senden. Mit dem privaten Schlüssel kann man dann auf Bitcoin zugreifen.

Es ist wichtig zu beachten, dass, obwohl der öffentliche Schlüssel vom privaten Schlüssel abgeleitet wird, es praktisch unmöglich ist, vom privaten Schlüssel auf dem öffentlichen Schlüssel zu schließen, d.h. ihn herauszufinden. Dies ist ein grundlegendes Merkmal der Kryptographie, das die Sicherheit von Kryptowährungen gewährleistet.

In der Praxis sehen die meisten Nutzer von Bitcoin oder anderen Kryptowährungen ihren öffentlichen Schlüssel nie direkt. Stattdessen interagieren sie mit Bitcoin-Adressen, die aus dem öffentlichen Schlüssel erstellt wurden. Diese Adressen sind kürzer und einfacher zu handhaben als die vollständigen öffentlichen Schlüssel.

Bitcoin-Adressen hingegen sind wie folgt definiert:

Die Bitcoin-Adresse ist eine eindeutige Zahlen- und Buchstabenfolge, die zur Identifizierung von Bitcoin-Transaktionen verwendet wird. Sie ist vergleichbar mit der Kontonummer bei einer Bank. Jede Bitcoin-Adresse entspricht einem öffentlichen Schlüssel (und dem zugehörigen privaten Schlüssel) auf der Bitcoin-Blockchain.

Wenn jemand Bitcoin an Sie senden möchte, geben Sie ihm Ihre Bitcoin-Adresse. Die Person sendet dann den Bitcoin an diese Adresse, und die Transaktion wird in der Blockchain aufgezeichnet. Sie können den Bitcoin dann mit Ihrem privaten Schlüssel ausgeben, der mit der Bitcoin-Adresse verknüpft ist.

Eine Bitcoin-Adresse sieht in etwa so aus:

1BvBMSEYstWetqTFn5Au4m4GFg7xJaNVN2.

Es beginnt normalerweise mit einer "1", einer "3" oder "bc1", abhängig von der Art der Adresse und der Art der verwendeten Verschlüsselung.

Es ist wichtig zu beachten, dass Bitcoin-Adressen nicht wiederverwendet werden sollten. Aus Sicherheits- und Datenschutzgründen sollten Sie für jede Transaktion eine neue Adresse generieren. Die meisten Bitcoin-Wallets erledigen dies automatisch für Sie.

Wer den privaten Schlüssel besitzt, hat die Kontrolle über die damit verbundenen Bitcoins im Blockchain-Netzwerk.

In den meisten Fällen wissen Sie als Benutzer nicht wirklich, was Ihr privater Schlüssel ist, da er in Ihrer Brieftasche gespeichert ist und automatisch verwendet wird, wenn Sie Transaktionen signieren. Bei einigen Wallets können Sie jedoch Ihren privaten Schlüssel exportieren oder importieren, wenn Sie dies wünschen.

Der Verlust des privaten Schlüssels bedeutet, dass Sie unwiderruflich den Zugriff auf Ihre Kryptowährung verlieren.
BITCOIN ERFOLG Ein Guide für Krypto-Fans

Daher ist es wichtig, Backups Ihrer Wallet und Ihrer privaten Schlüssel sicher aufzubewahren.

Ein Wallet-Backup ist eine Kopie der Sicherheitsinformationen, die für den Zugriff auf Ihre Kryptowährung erforderlich sind.

Finden Sie die Backup-Funktion in Ihrer Wallet:

Die meisten Kryptowährung-Wallets verfügen über eine integrierte Backup-Funktion. Diese findet man in der Regel im Menü oder in den Einstellungen deiner Wallet.

Erstellen Sie das Backup:

Wenn Sie die Backup-Funktion auswählen, erstellt Ihre Wallet normalerweise eine Datei, die als "Wallet.dat" oder etwas Ähnliches bezeichnet wird. Diese Datei enthält alle Informationen, die für den Zugriff auf Ihre Kryptowährung erforderlich sind, einschließlich Ihrer privaten Schlüssel.

Schreiben Sie Ihren Wiederherstellungs-Seed auf:

BITCOIN ERFOLG Ein Guide für Krypto-Fans

Viele Wallets erstellen auch einen Wiederherstellungs-Seed oder eine Phrase. Dabei handelt es sich um eine Reihe von Wörtern, die in einer bestimmten Reihenfolge angeordnet sind. Wenn Sie Ihren Recovery Seed aufschreiben und sicher aufbewahren, können Sie ihn verwenden, um Ihre Wallet und den Zugriff auf Ihre Kryptowährung wiederherzustellen, selbst wenn Sie Ihre Wallet.dat Datei verlieren.

Bewahren Sie Ihr Backup sicher auf:

Wichtig ist, dass Sie Ihr Wallet-Backup an einem sicheren Ort aufbewahren. Dabei kann es sich um ein verschlüsseltes Laufwerk, ein USB-Flash-Laufwerk oder eine andere Form des Offline-Speichers handeln. Manche Leute entscheiden sich sogar dafür, ihr Backup in einem Schließfach oder an einem anderen sicheren Ort aufzubewahren.

Erstellen Sie mehrere Backups:

Es ist eine gute Idee, mehrere Backups an verschiedenen Orten aufzubewahren. Auf diese Weise haben Sie auch dann Zugriff auf Ihre Kryptowährung, wenn ein Backup verloren geht oder beschädigt wird.

Halten Sie Ihr Backup auf dem neuesten Stand:

Denken Sie daran, Ihr Backup regelmäßig zu aktualisieren, insbesondere wenn Sie Ihrer Wallet neue Adressen hinzufügen.

Bitte beachten Sie, dass die genauen Schritte zum Erstellen eines Wallet-Backups je nach verwendeter Wallet variieren können. Es ist immer eine gute Idee, die spezifischen Anweisungen des Wallet-Herstellers zu befolgen.

6.3.2 Rechtliche Aspekte der Krypto Verwahrung

Dies kann besonders wichtig für institutionelle Anleger und große Händler sein, die große Mengen an Kryptowährungen halten.

Unter "Krypto Verwahrung" versteht man die sichere Aufbewahrung und Verwaltung von Kryptowährungen. Ein Krypto Verwahrer ist ein Finanzinstitut oder eine andere Organisation, die Kryptowährungen im Namen von Kunden hält und schützt. Dieser Service ist besonders wichtig für institutionelle Anleger wie Hedgefonds, Pensionsfonds und Investmentbanken, die möglicherweise große Mengen an Kryptowährungen besitzen.

Die Hauptaufgabe eines Krypto Verwahrers besteht darin, die privaten Schlüssel zu schützen, die den Zugriff auf die Kryptowährungen eines Kunden ermöglichen. Dies kann durch verschiedene Methoden erreicht werden, darunter wiederum etwa die Verwendung von Wallets, wie bei beispielsweise Hardware-Wallets, die offline gehalten werden (auch bekannt als "Cold Storage") oder andere Wallets.

Ein weiterer wichtiger Aspekt der Krypto Verwahrung ist die Einhaltung regulatorischer Standards und Anforderungen. In vielen Ländern müssen Finanzinstitute, die Krypto Verwahrungsdienste anbieten, bestimmte regulatorische Anforderungen erfüllen, um die Sicherheit der Vermögenswerte ihrer Kunden zu gewährleisten.

BITCOIN ERFOLG Ein Guide für Krypto-Fans

Zu den bekanntesten Krypto-Verwahrern gehören Coinbase Custody, Fidelity Digital Assets und BitGo. Diese Unternehmen bieten eine Reihe von Dienstleistungen an, darunter die sichere Aufbewahrung von Kryptowährungen, die Verarbeitung von Transaktionen und die Bereitstellung von Versicherungsschutz für die gelagerten Vermögenswerte.Die rechtlichen Aspekte der Krypto Verwahrung können komplex sein und hängen von einer Vielzahl von Faktoren ab, einschließlich der spezifischen Gesetze und Vorschriften des Landes, in dem die Verwahrung stattfindet. Einige der wichtigsten rechtlichen Überlegungen können die Einhaltung von Sicherheitsstandards, die Einhaltung von KYC/AML-Vorschriften.

6.3.3 Datenschutz und KYC/AML

Know Your Customer (KYC) und Anti-Money Laundering (AML) sind zwei wichtige regulatorische Anforderungen, die Finanzinstitute und ähnliche Unternehmen erfüllen müssen. Diese Vorschriften sollen Geldwäsche, Terrorismusfinanzierung und andere Formen der Finanzkriminalität verhindern. Im Zusammenhang mit Bitcoin und anderen Kryptowährungen haben diese Regelungen eine besondere Bedeutung.

BITCOIN ERFOLG Ein Guide für Krypto-Fans

Die KYC-Regeln verlangen von Finanzinstituten, die Identität ihrer Kunden zu überprüfen und ein Verständnis für ihre finanziellen Aktivitäten zu entwickeln. Dies geschieht häufig durch die Sammlung und Überprüfung von persönlichen Ausweisdokumenten wie Reisepass oder Führerschein und manchmal auch durch die Überprüfung von Finanzdokumenten. Im Zusammenhang mit Kryptowährungen kann dies bedeuten, dass Börsen und Wallet-Anbieter verpflichtet sind, personenbezogene Daten von ihren Nutzern zu sammeln, bevor sie ihnen den Handel oder die Durchführung von Transaktionen gestatten.

Die AML-Vorschriften verlangen von Finanzinstituten, Maßnahmen zu ergreifen, um zu verhindern, dass ihre Dienstleistungen für Geldwäsche oder Terrorismusfinanzierung genutzt werden.

Dies kann die Überwachung von Transaktionen auf verdächtige Aktivitäten, die Meldung verdächtiger Transaktionen an Behörden und die Durchführung von Risikobewertungen umfassen. Im Zusammenhang mit Kryptowährungen kann dies bedeuten, dass Börsen und Wallet-Anbieter Transaktionen überwachen und verdächtige Aktivitäten melden müssen.

Die genauen Anforderungen von KYC und AML können sich je nach Land und Art des Unternehmens unterscheiden. In vielen Ländern unterliegen Kryptowährungsbörsen und -dienstleister jedoch ähnlichen KYC- und AML-Anforderungen wie traditionelle Finanzinstitute.

Die Einhaltung der KYC- und AML-Vorschriften kann für Krypto Währungsunternehmen eine Herausforderung darstellen, da sie oft einen Kompromiss zwischen der Wahrung der Privatsphäre ihrer Nutzer und der Einhaltung der regulatorischen Anforderungen darstellt. Die Nichteinhaltung dieser Vorschriften kann jedoch zu erheblichen rechtlichen Konsequenzen führen, einschließlich Bußgeldern und strafrechtlicher Verfolgung.

Darüber hinaus kann die Nichteinhaltung von KYC- und AML-Vorschriften auch das Vertrauen der Nutzer in Krypto Währungsplattformen untergraben und das Risiko regulatorischer Maßnahmen erhöhen. Daher ist es wichtig, dass Krypto Währungsunternehmen geeignete Maßnahmen ergreifen, um die Einhaltung der KYC- und AML-Vorschriften sicherzustellen.

BITCOIN ERFOLG Ein Guide für Krypto-Fans

Kapitel 7

Fallstudie zur Bitcoin-Spekulation

7.1 Analyse eines erfolgreichen Bitcoin-Handels

Stellen Sie sich vor, es ist 2017. Bitcoin ist in aller Munde und der Preis explodiert in Richtung 20.000 US-Dollar. Sie hören von Freunden, Kollegen und in den Medien immer wieder von dieser mysteriösen digitalen Währung und sind fasziniert. Immer häufiger hört man, dass versierte Investoren mit Bitcoin ein Vermögen machen. Ihr Interesse ist geweckt. Sie entscheiden sich 1.000 Euro zu investieren, um Bitcoin zu kaufen. Aber Sie wollen mehr tun, als nur passiv zu investieren. Sie wollen aktiv am Markt teilnehmen und mit intelligentem Handel anständige Gewinne erzielen. Fangen Sie also an, sich intensiv mit der Materie vertraut zu machen.

Zuerst lernen Sie die Grundlagen. Sie lesen Bücher, Artikel und sehen sich Videos auf YouTube an. Sie erfahren, wie die Bitcoin- und Blockchain-Technologie funktioniert, was Mining ist und was die Kursbewegung antreibt. Begriffe wie Hash-Rate, Private Keys, Wallets oder Schwierigkeitsanpassung werden Ihnen vertraut werden. Sie erfahren, wie Transaktionen auf der Blockchain verifiziert werden und wie durch den Mining-Prozess neue Bitcoins entstehen. Sie verstehen, wie sich die begrenzte Menge an Bitcoins und die Halbierung der Mining-Belohnungen alle vier Jahre auf den Preis auswirken können.

BITCOIN ERFOLG Ein Guide für Krypto-Fans

Sie dringen zunehmend in die technischen Feinheiten dieser revolutionären Kryptowährung ein. Sie lernen die verschiedenen Arten von Wallets kennen und wie Sie sie sicher verwenden können. Sie verstehen, wie Transaktionen auf der Blockchain funktionieren und warum die Transaktionsgebühren variieren. Sie lernen die verschiedenen Arten von Angriffen auf das Netzwerk kennen und wie Sie diese verhindern können. Sie erfahren auch mehr über die Geschichte von Bitcoin und seine Entwicklung seit seiner Einführung im Jahr 2009. Sie erfahren mehr über historische Meilensteine wie den ersten Bitcoin-Kauf einer Pizza, den Aufstieg und Fall von Mt.Gox oder das Bitcoin Halving 2012.

Gleichzeitig eröffnen Sie Konten bei verschiedenen Börsen und vergleichen Handelsgebühren und Funktionen. Sie testen Plattformen wie Coinbase, Kraken, Binance und Bitstamp. Sie spielen mit Demokonten herum, um ein Gefühl für die verschiedenen Auftragsformen und Handelsfunktionen zu bekommen. Sie lernen, wie Sie, Market-Orders, Limit-Orders und Stop-Loss-Orders platzieren. Sie lernen, wie man Charts liest und technische Analysen durchführt. Sie lernen, wie Sie die Volatilität und Liquidität eines Marktes einschätzen und diese Informationen in Ihre Handelsentscheidungen einbeziehen können. Sie richten auch Ihre eigene Wallet ein, um Ihre Coins sicher aufzubewahren. Sie erfahren, wie Sie ein Wallet-Backup erstellen und wie Sie Ihre privaten Schlüssel sicher aufbewahren können.

Nach einigen Wochen intensiver Recherche haben Sie ein solides Grundwissen über die Funktionsweise von Bitcoin aufgebaut. Sie fühlen sich bereit, den nächsten Schritt zu machen und mit dem aktiven Handel zu beginnen. Sie stoßen auf das Konzept des Swing-Tradings. Es geht darum, die kurzfristigen Auf- und Abwärtsbewegungen innerhalb eines übergeordneten Trends zu analysieren und zu versuchen, von diesen Schwankungen zu profitieren. Sie sind von dieser Strategie fasziniert und beschließen, es auszuprobieren.

Sie lesen Bücher und Artikel zum Thema Handel. Lernen die Grundlagen der technischen Analyse und wie Sie sie im Handel anwenden können. Wie man Candlestick-Charts liest und wie man Trendlinien, Unterstützungen und Widerstände identifiziert. Wie Sie technische Indikatoren wie den Relative Strength Index (RSI) oder die stochastischen Oszillatoren verwenden. Können Trends erkennen und Pullbacks und Retracements nutzen. Sie erkennen, wie Sie Risiken managen und wie Sie Stop-Loss- und Take-Profit-Orders handeln, um Ihre Gewinne zu optimieren und Ihre Verluste zu minimieren.

BITCOIN ERFOLG Ein Guide für Krypto-Fans

Ihre Strategie sieht so aus: Wenn es einen klaren Aufwärtstrend gibt, kauft man Bitcoin, wenn der Kurs nach einer Korrektur gerade wieder nach oben dreht. Sie warten, bis der Preis um 3-5% gestiegen ist, und verkaufen dann wieder mit Gewinn. Bei Abwärtstrends machen Sie es genau umgekehrt und gehen short. Sie verkaufen Bitcoin, wenn der Preis nach einer Aufwärtsbewegung wieder nach unten dreht, und kaufen dann zurück, wenn der Preis um 3-5% gefallen ist.

Beobachten Sie geduldig die Bitcoin-Charts auf Ihrem Bildschirm. Oft verbringen Sie Stunden damit, Candlestick-Muster und -Indikatoren zu analysieren, immer auf der Suche nach dem perfekten Einstiegspunkt. Sie erkennen Kaufsignale, wenn der RSI überverkauft ist, und drehen dann wieder nach oben. Oder wenn der Preis einer Unterstützungslinie oder dem gleitenden 20-Tage-Durchschnitt abprallt. Sie lernen, wie Sie Volumenindikatoren verwenden, um die Stärke eines Trends zu beurteilen und mögliche Trendumkehrpunkte zu identifizieren.

Bei Shorts warten Sie auf eine „bärische Flagge" (Bearish Flag), ein Verkaufssignal, weil das Muster darauf hindeutet, dass ein Abwärtstrend weiter anhalten wird. Oder einen Double-Top-Umkehrpunkt, ein Muster für einen Aufwärtstrend mit zwei aufeinanderfolgenden Hochs, die auf gleichem Niveau auftreten. Sie lernen, wie Sie Fibonacci-Retracements verwenden, um mögliche Unterstützungs- und Widerstandsniveaus zu identifizieren. Sie lernen, wie Sie Bollinger-Bänder verwenden, um mögliche Ein- und Ausstiegspunkte zu finden. Sie lernen, wie Sie den MACD-Indikator verwenden, um Kauf- und Verkaufssignale zu generieren und mögliche Trendumkehrpunkte zu identifizieren.

Ausstiege werden vorgenommen, wenn Widerstände oder Unterstützungen erreicht werden oder wenn technische Indikatoren ein Verkaufssignal geben. Sie setzen konsequent Stop-Loss-Orders, um Ihre Verluste zu begrenzen, und Take-Profit-Orders, um Ihre Gewinne zu sichern. Sie lernen, wie Sie das Risiko pro Trade managen und wie Sie die Positionsgröße anpassen, um das Risiko zu kontrollieren.

BITCOIN ERFOLG Ein Guide für Krypto-Fans

Das Risiko-Ertrags-Verhältnis eines Trades einschätzen und wie Sie nur Trades eingehen, die ein günstiges Risiko-Ertrags-Verhältnis bieten.

Mit überschaubarem Risiko können Sie in einem Bullenmarkt kontinuierliche Gewinne erzielen. Sie handeln nur mit kleinen Positionen von wenigen 100 Euro, um Ihr Risiko zu begrenzen. Sie verfeinern Ihre Strategie weiter. Sie analysieren genau, welche Chart-Setups am besten funktionieren und welche Indikatoren die zuverlässigsten Signale liefern. Sie werden darauf achten, geduldig auf den richtigen Moment zu warten, um einen Handel zu tätigen, und nicht aus Langeweile oder Ungeduld in schlechte Trades einzusteigen. An manchen Tagen machen Sie keine Trades, weil es keine gute Gelegenheit gibt. Sie lernen, dass manchmal die beste Strategie darin besteht, nichts zu tun und auf bessere Gelegenheiten zu warten.

Dank guter Analyse und Disziplin wird sich Ihr Handel Monat für Monat weiterentwickeln. Sie surfen auf den Wellen – kaufen etwas unterhalb des letzten Hochs und verkaufen es knapp darüber. Immer wieder sichert man Teilgewinne ab und steigt höher ein. Ihr Potenzial ist enorm.

An manchen Tagen machen Sie nur ein paar Prozentpunkte, an anderen 15-20%. Einzelne Trades laufen manchmal gegen Sie. Doch dank Stop-Loss bleiben die Verluste überschaubar. Insgesamt bleiben Sie profitabel. Ihr Handelskonto wächst Schritt für Schritt. Nach einem Jahr intensiven Swingtradings können Sie Bilanz ziehen: Dank Bitcoin und geschicktem Trading sind aus 1000 Euro satte 150.000 Euro geworden!

Diese enorme Rendite war durch den parabolischen Preisanstieg im Jahr 2017 möglich. Auch einige Jahre danach waren enorme Preisexplosionen möglich. Momentan sind solche Gewinne kaum noch realisierbar. Jedoch sieht so mancher aus der Krypto Szene den Bitcoin durchaus bei 100.000 $ und weit darüber hinaus. Noch ist es nicht so weit. Aber es ist möglich!

Diese Fallstudie zeigt, welche enormen Möglichkeiten Bitcoin bieten kann. Sie ergriffen die Gelegenheit und wurden belohnt. Herzlichen Glückwunsch zu diesem erfolgreichen Handel! Attacke für die Zukunft des Bitcoins! Gehen wir es an!

BITCOIN ERFOLG Ein Guide für Krypto-Fans

Natürlich erfordert diese Strategie viel Wissen, Geschick und auch ein bisschen Glück. Man muss die richtigen Setups finden, geduldig warten, diszipliniert handeln und Risiken managen. Ohne fundierte Analyse und klare Regeln geht es nicht. Wichtig ist auch die Beharrlichkeit, auch nach Rückschlägen weiterzumachen.

Diese Fallstudie geht davon aus, dass Sie diesen langwierigen Lernprozess durchlaufen haben. Einfach blind zu handeln ist in der Regel zum Scheitern verurteilt. Aber mit der richtigen Einstellung und viel Übung kann man auch als Amateur ordentliche Gewinne erzielen. Und aus einem geübten Amateur wird schnell ein Profi!

Also loslegen, mit kleinen Beträgen beginnen und die Märkte kennenlernen. Mit der richtigen Strategie kann Bitcoin Ihnen wie diesem erfolgreichen Trader hohe Gewinne bringen. Die Kurshistorie bietet viele Chancen – man muss sie nur nutzen! Seien Sie gut informiert, bleiben Sie diszipliniert und haben Sie den Mut, Ihr Trading auf die nächste Stufe zu heben. Viel Glück!

Aber denken Sie daran, dass es beim Handel nicht nur um Gewinne geht. Es gibt auch Tage, an denen Sie Verluste erleiden. Es ist wichtig, dass Sie lernen, mit diesen Verlusten umzugehen und sie als Teil des Lernprozesses zu sehen. Sie sollten immer einen Plan haben, wie Sie mit Verlusten umgehen können. Dies könnte bedeuten, dass Sie nach einem Verlust eine Pause vom Handel einlegen, um Ihre Strategie zu überdenken und Ihre Emotionen unter Kontrolle zu bringen.

Gier und Angst können Ihre Handelsentscheidungen stark beeinflussen und oft zu schlechten Entscheidungen führen. Sie sollten lernen, diese Emotionen zu erkennen und Strategien zu entwickeln, um sie zu kontrollieren. Dies kann das Üben von Meditation oder anderen Entspannungstechniken beinhalten, um einen klaren Kopf zu behalten, oder das Führen eines Handelstagebuchs, um Ihre Gedanken und Emotionen zu reflektieren.

Der Krypto Markt ist sehr volatil und kann stark von Nachrichten und Ereignissen beeinflusst werden. Sie sollten lernen, wie Sie diese Informationen in Ihre Handelsentscheidungen einbeziehen und potenzielle Risiken und Chancen erkennen können.

BITCOIN ERFOLG Ein Guide für Krypto-Fans

Schließlich sollten Sie immer daran denken, dass der Handel ein Marathon und kein Sprint ist. Es erfordert Zeit, Geduld und ständiges Lernen. Sie sollten nicht erwarten, über Nacht reich zu werden, aber Sie sollten bereit sein, kontinuierlich an Ihren Fähigkeiten und Ihrer Strategie zu arbeiten. Sie sollten auch bereit sein, Fehler zu machen und daraus zu lernen. Nur so können Sie sich als Trader weiterentwickeln und erfolgreich sein.

7.2 Analyse eines gescheiterten Handelsversuchs

Die Geschichte eines Freizeithändlers und seines gescheiterten Bitcoin-Handels

Jener Händler war schon immer fasziniert von Bitcoin und Kryptowährungen. Als der Preis 2017 enorm stieg, wollte er unbedingt Geld verdienen. Voller Euphorie investierte er an einer Börse 10.000 $ in Bitcoin. Aber anstatt geduldig zu warten, wurde er gierig und dachte, er könne den Markt timen.

Er handelte emotional und hastig.

BITCOIN ERFOLG Ein Guide für Krypto-Fans

Anfangs lief es gut. Bitcoin stieg weiter an und er erzielte schnelle Gewinne. Doch dann kam es Mitte 2017 zu einer scharfen Korrektur, nachdem China ein härteres Vorgehen gegen Bitcoin angekündigt hatte. Er geriet in Panik und verkaufte alle seine Coins an einem Tiefpunkt mit einem Verlust von 30%.

Als sich Bitcoin erholte und die 20.000-Dollar-Marke erreichte, kaufte er viel zu teuer zurück und handelte wild hin und her. Mal trieb ihn die Gier nach schnellen Profiten, mal die Angst, alles wieder zu verlieren. Er dachte, er könne den Markt timen und die Höhen und Tiefen treffen.

Diese Strategie ging nicht auf. Wann immer er Coins verkaufte, stieg der Preis weiter. Seine Panikkäufe erreichten nie den Tiefpunkt. Er handelte rein aus Emotionen, ohne jede analytische Grundlage. Dieses unberechenbare Auf und Ab war Gift für sein Handelskonto.Besonders bitter: Hätte er seine Coins einfach gehalten, wäre er auch ohne optimales Timing bei einem hohen Gewinn geblieben. Aber der Versuch, den Markt zu timen, kostete ihn am Ende Gewinne. Eine teure Lektion.

Er informiert sich nicht richtig

BITCOIN ERFOLG Ein Guide für Krypto-Fans

Er las jeden Tag alle Schlagzeilen und Artikel über Bitcoin. Aber er hat sich nicht wirklich mit der Materie befasst und kein tiefes Verständnis erlangt. Er wusste nicht, was die Preise wirklich antreibt, wie die globalen Finanzmärkte zusammenhängen und wie sich politische Ereignisse auf Kryptowährungen auswirken können.

Versand auch nicht, wie leicht manipulierbare Nachrichten oder gehypte Ereignisse wie das Bitcoin-Halving zu einem Buzz führen können, der nicht nachhaltig ist. Ohne fundierte Kenntnisse wurde er vom Markt getrieben. Trends und organische Wachstumsphasen konnte er nicht von kurzfristigen Hypes unterscheiden.

Hätte er sich eingehender mit der Funktionsweise von Bitcoin, Blockchain, Mining und den wirtschaftlichen Zusammenhängen befasst, wäre seine Handelsstrategie weniger von Emotionen getrieben gewesen. Er hätte verstanden, dass die enormen Kursbewegungen im Jahr 2017 spekulativ übertrieben waren und eine Korrektur überfällig war. Mit diesem Wissen hätte er besser reagieren können.

Er riskiert zu viel Kapital pro Trade.

BITCOIN ERFOLG Ein Guide für Krypto-Fans

Voller Überschwang und Gier setzte er oft 50% oder mehr seines Kapitals für einzelne Trades ein. Er war besessen von der Idee, schnell große Gewinne erzielen zu können. In einigen Fällen verlor er 30 % seines Kapitals in einem einzigen Trade, als sich der Markt wieder drehte. In der Folge wurde Tom mehrmals ausgeknockt und musste wieder von vorne anfangen.

Selbst mit einer guten Strategie hätten diese unkontrollierbar großen Positionen das Risiko massiv erhöht. Durch ein vernünftiges Geldmanagement mit Stop-Loss und kleinen Positionsgrößen wären die Drawdowns, also der prozentuale Rückgang des Portfolios von seinem Höchststand bis zu seinem Tiefststand, deutlich geringer ausgefallen. Er war einfach zu gierig und übermütig. Er dachte, dies sei ein einfacher Weg zum Reichtum. Die Realität des Handels holte ihn schnell ein.

Erfahrene Trader wissen, dass konstante kleine Gewinne der Schlüssel sind. Vermehren Sie mit Geduld und Disziplin Schritt für Schritt das Kapital. Die Sehnsucht nach der Abkürzung zum Erfolg wurde ihm zum Verhängnis.

Er hält sich nicht an seine Strategie

BITCOIN ERFOLG Ein Guide für Krypto-Fans

Es war geplant, als langfristiger Investor zu agieren und nur gelegentlich zu handeln. Doch die Volatilität und Euphorie rund um Bitcoin hat unseren Händler mitgerissen. Er handelte nicht diszipliniert nach seinem Plan, sondern ließ sich immer von Emotionen leiten.

Manchmal setzte er aus Gier in Erwartung einer Preisrallye alles auf eine Karte, manchmal geriet er in Panik und verkaufte alles bei der geringsten negativen Nachricht. Hätte er seine langfristige Anlagestrategie durchgezogen und nur gelegentlich gehandelt, wären die Verluste beherrschbar geblieben.

Er war auch nie in der Lage, sich zwischen verschiedenen Strategien wie Swingtrading und Scalping zu entscheiden. Er sprang von einer Taktik zur nächsten, immer auf der Suche nach dem ultimativen Trick.

Natürlich ohne Erfolg, denn nur mit Disziplin und Übung führt eine Strategie zum Ziel.

Ergebnis:

Was lief falsch:

BITCOIN ERFOLG Ein Guide für Krypto-Fans

a) Emotionales Handeln und Panik

b) Kein solides Marktverständnis aufbauen

c) Zu viel Kapital pro Trade riskieren

d) Keine klare Strategie haben

Was Sie daraus lernen können:

a) Stellen Sie sicher, dass Sie ein solides Fundament an Wissen legen

b) Handeln Sie nicht aus Emotionen heraus

c) Begrenzen Sie Verluste durch kleine Positionen und Stop-Loss Technik

d) Entwickeln Sie Ihre eigene erfolgreiche Strategie und setzen Sie diese diszipliniert um

e) Haben Sie Geduld, denken Sie langfristig

Mit Geduld, Disziplin und Lernbereitschaft kann man erfolgreich mit Bitcoin handeln. Man muss bereit sein, aus Fehlern zu lernen.

BITCOIN ERFOLG Ein Guide für Krypto-Fans

Aber mit der richtigen Einstellung können auch aus völlig verkorksten Trades wichtige Lektionen gelernt werden

Niemand wird als perfekter Trader geboren. Erfolg erfordert harte Arbeit an sich selbst.

Kapitel 8

Zukunft der Bitcoin-Spekulation

Die Bitcoin-Spekulation hat sich seit ihrer Einführung im Jahr 2009 rasant entwickelt. Aber was hält die Zukunft für Bitcoin und Kryptowährungen im Allgemeinen bereit? Lassen Sie uns einige potenzielle Markttrends und ihre Auswirkungen auf die Bitcoin-Spekulation im Detail untersuchen.

8.1. Mögliche Markttrends

8.1.1. Technologische Entwicklungen

Die Blockchain-Technologie, die Bitcoin zugrunde liegt, entwickelt sich ständig weiter. Mit dem Aufkommen von Lightning Network, Taproot und anderen technologischen Fortschritten könnte Bitcoin schneller, sicherer und skalierbarer werden.

Das Lightning Network zum Beispiel ist eine "Layer-2"-Lösung, die es ermöglicht, Bitcoin-Transaktionen außerhalb der Haupt-Blockchain zu verarbeiten. Dies erhöht die Geschwindigkeit und senkt die Transaktionskosten drastisch. Über Zahlungskanäle können sogar Mikrozahlungen in Echtzeit getätigt werden.

Taproot ist ein Soft-Fork-Upgrade für Bitcoin, das im Jahr 2021 aktiviert wurde und mehr Datenschutz und Skalierbarkeit ermöglicht. Komplexe Smart Contracts und Transaktionen verschiedener Teilnehmer können so getarnt und wie normale Transaktionen behandelt werden.

Solche technologischen Innovationen machen Bitcoin als Zahlungssystem immer effizienter und attraktiver. Sie könnten die Massenakzeptanz viel näherbringen und die Akzeptanz als digitales Bargeld erhöhen. Dies wird auch Transaktionen in Bitcoin für institutionelle Anleger bequemer machen.

Ein weiteres spannendes Feld ist das der "Smart Contracts". Obwohl Bitcoin hier nicht die Flexibilität bietet, die Ethereum bietet, gibt es Ansätze, solche Funktionen auch für Bitcoin zu ermöglichen. Mit RSK (Rootstock) lassen sich beispielsweise bereits Smart Contracts für Bitcoin programmieren.

Mehr Funktionalität könnte mehr potenzielle Anwendungsfälle für Bitcoin eröffnen. Das birgt aber auch Risiken, wie der DAO-Hack auf Ethereum im Jahr 2016 gezeigt hat. Insgesamt werden technologische Entwicklungen maßgeblich dazu beitragen, ob Bitcoin als Zahlungsmittel global überleben kann.

8.1.2. Regulatorische Tendenzen

Ein besonders wichtiger Faktor für die Zukunft von Bitcoin sind regulatorische Entwicklungen. In der EU, Deutschland, Österreich, der Schweiz und den USA tut sich derzeit einiges. In den Jahren 2021 und 2022 gab es bahnbrechende Innovationen.

In der EU nimmt die Regulierung von Kryptowährungen immer konkretere Formen an. Mit dem Verordnungsentwurf "Markets in Crypto Assets" (MiCA) der EU-Kommission soll erstmals ein EU-weiter Rechtsrahmen für Krypto Werte geschaffen werden.

MiCA befasst sich unter anderem mit Themen wie Stablecoins, digitale Wertpapiere, Verwahrung von Vermögenswerten und Handel mit Krypto-Assets. Die EU will Innovationen fördern, aber auch Risiken für Investoren reduzieren. MiCA könnte noch vor Ende 2023 in Kraft treten und den Krypto Markt in der EU grundlegend verändern.

In Deutschland hat sich die Bundesregierung 2022 in ihrem Koalitionsvertrag explizit zum Thema Blockchain und Kryptowährungen positioniert. Ziel ist es, die Chancen der Technologie zu nutzen und "innovationsfreundliche Regelungen" auf den Weg zu bringen. Ein Schwerpunkt liegt dabei auf dem Verbraucherschutz und der Bekämpfung illegaler Finanzströme.

Dem Regierungsplan zufolge sollen auch in Deutschland die Bedingungen für die Einführung eines "digitalen Euro" als Ergänzung zum Bargeld geprüft werden. Ein solcher programmierbarer "eEuro" hätte ein großes disruptives Potenzial. Insgesamt ist die neue Regierung in Berlin offen für den Krypto-Sektor.

Auch in Österreich gibt es Bestrebungen, Blockchain-Startups durch ein gutes regulatorisches Umfeld zu fördern. Im Oktober 2021 kündigte die österreichische Finanzministerin an, 2022 eine Krypto-Strategie vorzustellen und das Potenzial der Blockchain-Technologie auszuschöpfen. Österreich will bei Innovationen im Finanzsektor ganz vorne mit dabei sein.

Die Schweiz ist ein Vorreiter in der Krypto-Regulierung. Hier gelten Bitcoin und Ether seit 2021 offiziell als Zahlungsmittel. Schweizer Unternehmen können problemlos damit handeln und die Akzeptanz von Kryptowährungen ist hoch. Diese Entwicklung könnte Signalwirkung auf andere Länder haben.

Auch in den USA plant die Biden-Administration, im Jahr 2023 einen umfassenden Regulierungsrahmen für Kryptowährungen zu schaffen. Im Fokus steht dabei die Vermeidung systemischer Risiken, der Schutz von Anlegern und die Bekämpfung illegaler Aktivitäten. Die US-Regierung will Amerikas Führungsrolle bei Krypto und Blockchain ausbauen.

Diese regulatorischen Trends zeigen, dass staatliche Akteure Handlungsbedarf sehen und den Krypto Markt aktiv mitgestalten wollen. Dabei sollen sowohl Chancen als auch Risiken adressiert werden. Für Bitcoin-Investoren wird entscheidend sein, wie gut dieser Spagat gelingt.

8.1.3. Sozioökonomische Faktoren

Wirtschaftliche Unsicherheit:

Inflation, Rezession, Schuldenkrisen – solche makroökonomischen Trends können Safe-Haven-Währungen wie Bitcoin stärken.

Die Nachfrage aus konjunkturschwachen Ländern dürfte hoch bleiben.

Demografische Entwicklung:

Vor allem jüngere Menschen sehen in Bitcoin eine vielversprechende Investition. Diese demografische Verschiebung könnte den Zustrom verstärken.

Autokratische Regime:

In Ländern mit Hyperinflation oder strengen Kapitalkontrollen ist Bitcoin für die Bürger attraktiv, um Werte zu schützen und Grenzen zu überwinden. Solange es politische und wirtschaftliche Repression gibt, dürfte die Nachfrage hoch bleiben.

Energiekrise:

Das energieintensive Mining von Bitcoin steht oft in der Kritik. Wenn es keine Fortschritte in Richtung Nachhaltigkeit gibt, könnte ein Umdenken stattfinden. Auf der anderen Seite ermöglicht es Bitcoin, überschüssige Energie zu nutzen.

Insgesamt hängt Bitcoin als globales Phänomen von verschiedenen sozioökonomischen Bedingungen ab. Sowohl Krisen als auch demografische Verschiebungen können die Nachfrage nach dezentralen digitalen Währungen langfristig antreiben.

8.2. Auswirkungen künftiger Regelungen

8.2.1. Mögliche Auswirkungen auf den Markt

Wie eingangs erläutert, gibt es derzeit erhebliche Anstrengungen der EU, Deutschlands, der USA und anderer Länder, den Krypto Markt zu regulieren. Doch was wären die Konsequenzen?

Eine klare rechtliche Definition von Kryptowährungen und Leitplanken für die Branche könnten sich positiv auswirken. Würde man professionellen Anlegern wie Fonds und Versicherungen Rechtssicherheit geben, würde dies enorme Kapitalzuflüsse auslösen. Eine Regulierung könnte daher die Akzeptanz deutlich erhöhen.

BITCOIN ERFOLG Ein Guide für Krypto-Fans

Es gibt aber auch berechtigte Sorgen vor einer Überregulierung, die Innovationen erstickt. Gerade kleine Start-ups könnten durch hohe Anforderungen benachteiligt werden. Ein zu starrer Ansatz könnte die Branche abwürgen, bevor sie ihr Potenzial ausschöpfen kann.

Ein vielversprechender Mittelweg könnte in einem Phasenmodell liegen: Am Anfang sollte die Regulierung noch vorsichtig sein, um Raum für Experimente zu lassen. In späteren Entwicklungsphasen können nach und nach strengere Regeln greifen, um Risiken zu begrenzen. Auf diese Weise konnte die regulatorische Unsicherheit schrittweise verringert werden.

8.2.2. Anpassungsstrategien für Spekulanten

Für Bitcoin-Spekulanten ist es ratsam, die Entwicklungen in der Regulierung genau zu verfolgen und die Strategien entsprechend anzupassen.

Miner sollten beispielsweise Standorte in regulierungsfreundliche Gerichtsbarkeiten verlagern. Anleger können ihr Engagement auf verschiedene Länder mit unterschiedlichen Regulierungsstufen verteilen. Auch eine Diversifikation in andere Kryptowährungen kann sinnvoll sein.

BITCOIN ERFOLG Ein Guide für Krypto-Fans

Je nach Marktsituation eignen sich unterschiedliche Handelsstrategien. In stärker regulierten Phasen könnte sich längerfristiges Investieren lohnen, während Sie in Phasen des "Wilden Westens" aktiver handeln können. Ein flexibler Strategiemix ist von Vorteil.

8.2.3.Auswirkungen auf globale Finanzlandschaft

Schließlich stellt sich die Frage, wie staatliche Regulierung die Rolle von Bitcoin und anderen Kryptowährungen in der globalen Finanzwelt beeinflussen kann.

Klar ist: Disruptive Innovationen wie Bitcoin setzen etablierte Finanzakteure unter Druck. Sie werden sich dafür einsetzen, strengere Bedingungen durchzusetzen und ihre Pfründe zu schützen. Es gäbe also einen Interessenkonflikt zwischen dem Bestehenden und dem Neuen.

Eines dieser Szenarien ist, dass Regierungen Bitcoin & Co. durch übermäßige Regulierung entschärfen und in das bestehende Geldsystem integrieren. Radikale Veränderungen blieben dann aus.

Wahrscheinlicher ist, dass digitale Währungen als paralleles Zahlungssystem weiter existieren werden. Sie können traditionelle Währungen ergänzen, müssen sie aber nicht vollständig ersetzen. Vollständige Verbote wären kaum durchsetzbar und würden nur die Graumärkte stärken.

Im innovativsten Szenario etablieren sich Bitcoin und andere Kryptowährungen als alternativer Finanzsektor und stellen das Geldsystem nach und nach auf eine neue Basis. Dies wäre eine radikale Störung des Status quo in Richtung Dezentralisierung.

Welcher Weg eingeschlagen wird, hängt stark von den politischen Rahmenbedingungen ab. Bitcoin-Fans sollten sich daher auch in die öffentliche Debatte einbringen, um ein innovationsfreundliches Klima zu fördern.

Man kann durchaus behaupten, dass die Regulierung von Bitcoin und Kryptowährungen das Potenzial hat, die Regeln des Finanzsystems dauerhaft zu verändern. Risiken und Chancen müssen in Einklang gebracht werden. Für Investoren wird es entscheidend sein, flexibel auf neue Rahmenbedingungen zu reagieren und politische Entwicklungen aktiv mitzugestalten.

8.3 Bitcoin und andere Kryptowährungen

Bitcoin ist immer noch der „King unter den Kryptowährungen". Mit Abstand die Nummer eins in Bezug auf Marktkapitalisierung und Akzeptanz. War eben auch als erste Kryptowährung vorhanden.

Kurz gesagt:" A star was borne". Bitcoin, der „Löwe der Währungen".

Doch in den letzten Jahren ist eine Vielzahl weiterer digitaler Währungen entstanden, die als Alternative oder Weiterentwicklung zu Bitcoin gesehen werden können.

Sogenannte Altcoins.

Altcoins sind Kryptowährungen, die nach Bitcoin entstanden sind und von ihm inspiriert wurden. Der Begriff "Altcoin" ist eine Abkürzung für „Alternative Coin" und wird verwendet, um jede Kryptowährung außer Bitcoin zu beschreiben. Diese verfügen in der Regel alle über eine eigene Blockchain mit unterschiedlichsten Funktionen und Anwendungsbereichen. Altcoins stellen eine Alternative zu Bitcoin dar.

Schauen wir uns einige der bekanntesten im Detail an und vergleichen die Vor- und Nachteile von Bitcoin.

BITCOIN ERFOLG Ein Guide für Krypto-Fans

8.3.1 Vergleich von Bitcoin mit anderen Kryptowährungen

Unterschiede und Gemeinsamkeiten

a) Ethereum

Ethereum gilt nach Bitcoin als die zweitgrößte Kryptowährung in Bezug auf die Marktkapitalisierung.

Ethereum erblickte 2013/2014 die Krypto Welt. Durch Vitalik Buterin, Einem russisch-kanadischen Programmierer und Mitbegründer des Bitcoin Magazine. Er wollte eine Plattform schaffen, die es ermöglicht, beliebige dezentrale Anwendungen (dApps) auf Basis von Smart Contracts zu erstellen. Dies ist eine digitale Vereinbarung. Sie ist auf einer Blockchain gespeichert. Smart Contracts sind in Code geschrieben und können für die Automatisierung einer Vielzahl von Transaktionen verwendet werden. Sie ermöglichen es, komplexe Logiken und Regeln für die Verarbeitung der Transaktionen zu programmieren, ohne dass ein vertrauenswürdiger Dritter erforderlich ist.

Ethereum wurde 2014 durch eine öffentliche Crowdfunding-Kampagne finanziert und ging 2015 live. Seitdem hat sie sich zu einer der größten und einflussreichsten Kryptowährungen mit einer Marktkapitalisierung von über 200 Milliarden Euro entwickelt

Ethereum ist somit eine globale, dezentrale Plattform für monetäre und neuartige Anwendungen. Auf Ethereum können Sie Code schreiben, um Geld zu kontrollieren und Anwendungen zu erstellen, die weltweit zugänglich sind.

Mehr zu den Gemeinsamkeiten:

Beide basieren auf der dezentralen Blockchain-Technologie, bei der es sich um ein öffentliches, verteiltes und manipulationssicheres Transaktionsbuch handelt.

Beide verwenden einen kryptografischen Konsensmechanismus, um die Integrität des Netzwerks zu sicherzustellen. Beide verwenden den Proof-of-Work (PoW), bei dem die Teilnehmer (Miner) Rechenleistung einsetzen müssen, um neue Blöcke zu generieren und Transaktionen zu validieren.

Beide haben eine begrenzte Gesamtzahl von Einheiten, die generiert werden können. Bei Bitcoin sind es 21 Millionen Bitcoins, bei Ethereum sind es 21 Millionen Ether. Allerdings hat Ethereum auch eine jährliche Inflationsrate von rund 4 %, was sich jedoch mit zukünftigen Updates ändern könnte.

Beide haben ihre eigene native Kryptowährung, die als Zahlungsmittel im Netzwerk verwendet werden kann. Im Falle von Bitcoin ist es der Bitcoin (BTC), im Fall von Ethereum ist es der Ether (ETH).

Mehr zu den Unterschieden:

Bitcoin wurde als digitales Geld konzipiert, das als alternatives Zahlungssystem zu den bestehenden Fiat-Währungen dienen soll. Sein Hauptziel ist es, eine effektive Möglichkeit zu bieten, Werte über das Internet zu übertragen, ohne auf zentrale Vermittler angewiesen zu sein.

Konzipiert als Plattform für dezentrale Anwendungen, die auf Smart Contracts basieren, besteht ein Hauptziel darin, eine globale Infrastruktur für die Entwicklung und Bereitstellung jeder Anwendung bereitzustellen, die gegen Zensur, Ausfallzeiten und Betrug resistent ist.

Bitcoin hat eine einfache Programmiersprache namens Script, die begrenzte Funktionen zum Erstellen von Transaktionen bietet. Ethereum verwendet, wie erwähnt, die Programmiersprache Solidity, die es ermöglicht, komplexe Logik und Regeln für die Ausführung von Smart Contracts zu programmieren.

Bitcoin hat eine feste Blockzeit von etwa 10 Minuten, was bedeutet, dass im Durchschnitt alle 10 Minuten ein neuer Block zur Blockchain hinzugefügt wird. Ethereum hat eine variable Blockzeit von etwa 15 Sekunden, was bedeutet, dass im Durchschnitt alle 15 Sekunden ein neuer Block zur Blockchain hinzugefügt wird.

Bitcoin hat eine begrenzte Blockgröße von 1 Megabyte (MB), was die Anzahl der Transaktionen begrenzt, die in einem Block enthalten sein können. Ethereum hat eine variable Blockgröße, die durch die sogenannte Gasbegrenzung bestimmt wird. Gas ist eine Einheit, die die Rechenleistung und den Speicherplatz misst, die für die Ausführung einer Transaktion oder eines Smart Contracts erforderlich sind. Jeder Block hat eine Gasgrenze, die die maximale Gasmenge angibt, die in einem Block verbraucht werden kann.

BITCOIN ERFOLG Ein Guide für Krypto-Fans

Bitcoin hat eine feste Transaktionsgebühr, die vom Absender festgelegt wird und in der Regel von der Größe der Transaktion abhängt. Sie wird in Satoshis gemessen. 1 Satoshi = 0,00000001 BTC.

Ethereum hat eine variable Transaktionsgebühr, die vom Absender festgelegt wird und in der Regel von der Komplexität der Transaktion abhängt. Die Transaktionsgebühr wird in Gas gemessen und in Ether bezahlt.

Weitere Vor- und Nachteile von Ethereum

Vorteile

Ethereum ermöglicht es, beliebige dezentrale Anwendungen auf der Grundlage von Smart Contracts zu erstellen. Dies eröffnet eine breite Palette von Möglichkeiten für Innovationen und Experimente in verschiedenen Bereichen wie Finanzen, Kunst, Gaming, Social Media und mehr.

Ethereum bietet eine hohe Skalierbarkeit und Flexibilität für die Entwicklung und Bereitstellung von Anwendungen. Aufgrund der kurzen Blockzeit und der variablen Blockgröße kann Ethereum mehr Transaktionen pro Sekunde verarbeiten als Bitcoin.

BITCOIN ERFOLG Ein Guide für Krypto-Fans

Ethereum hat eine aktive und engagierte Community von Entwicklern, Nutzern und Unterstützern. Es verfügt über eine transparente und demokratische Governance-Struktur, die es ermöglicht, Vorschläge für Änderungen und Upgrades zu diskutieren und darüber abzustimmen.

Ferner über ein großes Ökosystem von Projekten und Anwendungen, die auf seiner Plattform aufgebaut sind. Dazu gehören einige der beliebtesten und innovativsten Kryptowährungen wie Chainlink, Uniswap, Aave, MakerDAO und mehr. Diese Projekte bieten verschiedene Dienste und Funktionen an, wie z. B. dezentrale Börsen, Kreditvergabe, Stablecoins und mehr.

Nachteile:

Ethereum ist immer noch ein experimentelles Projekt, das sich in einem ständigen Entwicklungsprozess befindet. Das bedeutet, dass es immer noch technische

Herausforderungen und Risiken gibt, wie z. B. Sicherheitslücken,

Softwarefehleroder Netzwerküberlastungen. Darüber hinaus kann es zu unvorhergesehenen Änderungen oder Verzögerungen bei der Umsetzung geplanter Upgrades kommen.

Zudem ist es mit dem aktuellen Proof-of-Work-Konsensmechanismus sehr energieintensiv und umweltschädlich. Einer Schätzung zufolge verbraucht Ethereum etwa 50 Terawattstunden (TWh) Strom pro Jahr, was in etwa dem portugiesischen Verbrauch entspricht. Darüber hinaus führt dies zu einer hohen Zentralisierung des Minings in den Händen einiger weniger großer Player.

Es hat eine hohe Volatilität und Unsicherheit in Bezug auf seinen Preis und seine Leistung. Wie alle Kryptowährungen unterliegt auch Ethereum starken Schwankungen, Marktstimmung, regulatorischen Entwicklungen oder geopolitischen Ereignissen beeinflusst werden können. Außerdem ist es immer noch einem hohen Wettbewerbsniveau ausgesetzt, da es viele andere Plattformen gibt, die ähnliche oder bessere Funktionen anbieten möchten.

BITCOIN ERFOLG Ein Guide für Krypto-Fans

ETH hat eine steile Lernkurve für Anfänger und Laien, die sich mit der Plattform vertraut machen möchten. Um es zu nutzen oder zu verstehen, muss man sich mit verschiedenen Konzepten wie Blockchain, Smart Contracts, Gas, Wallets usw. auseinandersetzen. Außerdem muss man sich darüber im Klaren sein, dass man für seine eigenen Handlungen verantwortlich ist und dass es keine Möglichkeit gibt, Transaktionen rückgängig zu machen oder verlorene oder gestohlene Ether wiederzuerlangen.

Ethereum kaufen:

Es gibt verschiedene Möglichkeiten, Ethereum zu kaufen, abhängig von Ihren Bedürfnissen und Vorlieben. Hier sind einige Optionen, die Sie in Betracht ziehen können:

Über eine zentralisierte Börse (CEX), bei der es sich um ein Unternehmen handelt, das es Ihnen ermöglicht, Kryptowährungen mit traditionellen Währungen zu kaufen. Sie müssen sich bei einer Börse registrieren, Ihre Identität verifizieren und eine Zahlungsmethode auswählen. Die Börse hält die von Ihnen gekauften ETH so lange, bis Sie sie an eine von Ihnen verwaltete wallet senden. Einige Beispiele für CEXs sind eToro, Bitpanda und Coinbase.

Oder über eine dezentrale Börse (DEX), die ein offener Marktplatz für ETH und andere Token ist. Sie können ETH-Peer-to-Peer handeln, ohne die Kontrolle über Ihre Gelder an ein zentrales Unternehmen abzugeben. Sie benötigen eine Wallet, um einen DEX zu verwenden. Einige Beispiele für DEXs sind Uniswap, Bancor und Kyber.

Letztlich auch über eine Wallet. Einige Wallets (etwa Metamask, Ledger und Trezor) ermöglichen es Ihnen, Krypto mit einer Debit-/Kreditkarte, einer Banküberweisung oder sogar Apple Pay zu kaufen. Es gelten wiederum geografische Beschränkungen.

b) Litecoin

Litecoin wurde 2011 als eine der ersten Bitcoin-Forks (eine Aufspaltung der Bitcoin-Blockchain), was zu neuen Kryptowährungen führen kann, eingeführt. Dabei übernahm es die zugrunde liegende Blockchain-Technologie von Bitcoin mit nur minimalen Änderungen an den Protokollregeln.

Der Fokus lag auf schnelleren Transaktionszeiten und niedrigeren Gebühren als bei Bitcoin. Dazu nutzt Litecoin die Proof-of-Work-Methode Scrypt als Konsensmechanismus, während Bitcoin auf SHA-256 setzt. Der Blockgenerierungsprozess ist mit 2,5 Minuten auch schneller als die 10 Minuten von Bitcoin. Damit sollte sich Litecoin besser für kleinere alltägliche Zahlungen eignen.

Als reiner Zahlungscoin stand Litecoin schon immer etwas im Schatten von Bitcoin. Trotz einiger beliebter Partnerschaften, wie z. B. der Integration mit PayPal, konnte sie sich nicht als führende Zahlungswährung etablieren. Seine Marktkapitalisierung beträgt weniger als 10 Milliarden US-Dollar, während Bitcoin knapp 500 Milliarden US-Dollar wiegt (Stand 2022).

Die langfristigen Erfolgsaussichten von Litecoin werden daher skeptisch gesehen. Es scheint fraglich, ob Litecoin dauerhaft eine Nische neben Bitcoin und anderen Coins besetzen kann. Ein Vorteil ist die grundsolide Codebasis.

Im Vergleich zu moderneren Coins fehlen Litecoin jedoch innovative Features. Die große Wachstumsphase scheint vorbei zu sein.

BITCOIN ERFOLG Ein Guide für Krypto-Fans

c) Tether (USDT)

Tether ist nach Marktkapitalisierung der mit Abstand größte Stablecoin. Das sind Kryptowährungen, die ihren Wert an traditionelle Vermögenswerte wie den US-Dollar koppeln. Sie sollen die Volatilität von Coins wie Bitcoin ausgleichen.

Der Tether Coin (USDT) soll durch echte Dollarreserven gedeckt sein, die 1:1 gedeckt sind. Somit soll der stabile Wert von ca. 1 USDT = 1 USD gewährleistet werden. Allerdings gibt es auch viel Kritik an Tether – etwa mangelnde Transparenz der Dollar-Deckung oder Verbindungen zur Krypto Börse Bitfinex.

Fakt ist: Tether ist wichtig für den Krypto Markt. Rund 80 % des Handelsvolumens auf dem Markt entfallen auf USDT. Tether ermöglicht es, einfach zwischen verschiedenen Coins im USD-Wert zu handeln. Eine Gefahr für den Markt könnte entstehen, wenn der reale Wert von Tether nicht gedeckt ist. Ein Absturz von USDT könnte das gesamte Krypto System erschüttern.

d) Binance Coin (BNB)

Binance Coin ist der native Token der Krypto Börse Binance, dem größten Handelsplatz für Kryptowährungen. BNB kann auf Binance für günstigere Handelsgebühren verwendet werden und hat Zugang zu exklusiven Funktionen. Binance Coin fungiert daher in erster Linie als Utility-Token innerhalb des Binance-Ökosystems.

BNB ist jetzt jedoch viel mehr als das. Aufgrund des enormen Erfolgs von Binance hat sich BNB zu einer der größten Kryptowährungen entwickelt. Mittlerweile gibt es auch Möglichkeiten, BNB außerhalb von Binance für Zahlungen zu nutzen. Die Marktkapitalisierung liegt bei über 50 Milliarden US-Dollar, was BNB zu einer der zehn größten Kryptowährungen macht.

Kritiker sehen jedoch ein hohes Clusterrisiko, da der Wert von BNB stark von der Entwicklung der Binance-Börse abhängt. Sollte Binance schlecht abschneiden, würde BNB wahrscheinlich auch massiv an Wert verlieren. Nichtsdestotrotz ist BNB zu einem festen Bestandteil des Krypto-Universums geworden.

e) Terra (LUNA)

Terra ist ein ehrgeiziges Blockchain-Projekt aus Südkorea, das 2019 gestartet wurde. Im Zentrum steht der Stablecoin TerraUSD, der durch einen Algorithmus seine US-Dollar-Bindung aufrechterhalten soll. Im Gegensatz zu Tether setzt Terra nicht auf Dollar-Reserven, sondern nutzt ein komplexes Zusammenspiel von Angebot und Nachfrage.

Das Projekt zielt darauf ab, eine neue dezentrale Finanzinfrastruktur aufzubauen. Terra Payment bietet zum Beispiel Apps, DeFi-Dienste und Staking-Möglichkeiten an. Angetrieben von der Terra-Community erlebte LUNA, der native Governance-Token von Terra, im Jahr 2021 einen steilen Anstieg. Zeitweise war LUNA nach Marktkapitalisierung unter den Top Ten.

Zu Beginn des Jahres 2022 zeigte sich jedoch auch die Kehrseite: Als Zweifel aufkamen, fiel der Wert von TerraUSD massiv unter 1 $. Dies führte auch zu einem Zusammenbruch des LUNA-Kurses. Nichtsdestotrotz hat Terra ein großes Innovationspotenzial im Stablecoin- und DeFi-Bereich.

f) Ripple (XRP)

Ripple hat XRP, die Kryptowährung mit der sechsthöchsten Marktkapitalisierung. Das Projekt spielt jedoch eine besondere Rolle, da es sehr zentralisiert ist. Ripple gibt es seit 2012 und richtet sich vor allem an Banken und Finanzdienstleister.

Ziel ist es, den internationalen Zahlungsverkehr zu beschleunigen und zu vergünstigen. RippleNet ist ein Netzwerk von über 300 Banken und Finanzinstituten. Die XRP-Tokens dienen als Brückenwährung, um Geld in verschiedene Fiat-Währungen umzutauschen.

Ripple wurde in erster Linie für den Einsatz im traditionellen Bankensystem entwickelt, um internationale Überweisungen schneller und billiger zu machen. Es ist weniger dezentralisiert als Bitcoin.

Durch die enge Zusammenarbeit mit traditionellen Finanzakteuren ist ripple in der Krypto Szene sehr umstritten. Viele sehen XRP nicht wirklich als Kryptowährung, sondern eher als Wertpapier nach klassischem Muster. Kritisiert wird auch das hohe Maß an Kontrolle durch Ripple. Nichtsdestotrotz ist Ripple in seiner Nische als Zahlungssystem für Banken von großer Bedeutung.

Während Bitcoin den Proof-of-Work-Mechanismus verwendet, verwendet Ripple einen Konsensalgorithmus. Dieser Algorithmus benötigt keine Miner; Stattdessen validiert eine Reihe von Servern Transaktionen durch einen Konsensprozess.

Token-Ausgabe:

Die Gesamtmenge an XRP-Token wurde von Anfang an festgelegt und es werden keine neuen XRP durch Mining erstellt, wie es bei Bitcoin der Fall ist. Ripple Labs besitzt die Mehrheit der XRP-Token und bringt sie nach und nach auf den Markt.

Zielgruppe:

Während Bitcoin für den allgemeinen Verbraucher konzipiert wurde, richtet sich Ripple in erster Linie an Banken und andere Finanzinstitute. Mit RippleNet, dem Netzwerk hinter XRP, können Institutionen in Sekundenschnelle Geld in jeder Währung oder jedem anderen Vermögenswert weltweit überweisen.

Partnerschaften und Integration:

Ripple hat im Laufe der Jahre zahlreiche Partnerschaften mit großen Banken und Finanzdienstleistern weltweit geschlossen. Diese Institutionen nutzen RippleNet für grenzüberschreitende Zahlungen, was XRP eine Sonderstellung im Krypto-Raum verleiht.

Fazit zu Ripple:

Ripple und Bitcoin haben unterschiedliche Visionen und Anwendungen im Bereich der Kryptowährungen. Während Bitcoin oft als "digitales Gold" und potenzielles Wertaufbewahrungsmittel angesehen wird, positioniert sich Ripple als Brücke zwischen dem traditionellen Finanzwesen und der Welt der Kryptowährungen.

BITCOIN ERFOLG Ein Guide für Krypto-Fans

g) Monero

Monero ist eine Kryptowährung mit Fokus auf Anonymität und Privatsphäre, die 2014 erschien. Im Gegensatz zu Bitcoin sind die Adressen und Transaktionsbeträge von Monero standardmäßig ausgeblendet. Dies wird durch innovative kryptographische Verfahren wie Ringsignaturen und Stealth-Adressen erreicht.

Daher sollte Monero besser als Bitcoin für Transaktionen geeignet sein, bei denen Sie nicht die vollständige Handelshistorie offenlegen möchten. Kritiker bemängeln allerdings, dass diese Anonymisierungsfunktion auch für illegale Zwecke missbraucht werden kann.

Die Entwickler von Monero legen jedoch großen Wert auf eine ethische Ausrichtung. Privatsphäre sollte ein Grundrecht sein, kein Vehikel für Verbrechen. Dementsprechend wird die Technik ständig verbessert, um Missbrauch zu erschweren.

Technisch verwendet Monero für den Mining-Prozess den Proof-of-Work-Algorithmus "RandomX". Damit soll eine gerechtere Verteilung der Mining-Power im Vergleich zum Bitcoin-Mining ermöglicht werden. Mit einer Marktkapitalisierung von rund 5 Milliarden US-Dollar (Stand 2022) gehört Monero nicht zu den Großen, hat sich aber eine treue Nutzerbasis aufgebaut.

h) Cardano

Ein sehr ehrgeiziges Blockchain-Projekt, das 2017 von Ethereum-Mitbegründer Charles Hoskinson ins Leben gerufen wurde. Im Gegensatz zu vielen anderen Kryptowährungen verfolgt Cardano einen akademischen und wissenschaftlichen Ansatz.

Daher durchläuft jedes Feature- und Protokoll-Update einen strengen Peer-Review-Prozess, bevor es implementiert wird. Damit soll ein Höchstmaß an Sicherheit und Korrektheit gewährleistet werden. Die Fachbeiträge werden häufig auf Top-Konferenzen in der Kryptographie präsentiert.

Ziel ist es, die ideale Blockchain-Plattform zu schaffen, die die Stärken aller anderen vereint: Dezentralisierung, Skalierbarkeit, Sicherheit, Geschwindigkeit und auch die Einhaltung gesetzlicher Vorschriften. Aufgrund der strengen Prozesse verläuft die Entwicklung jedoch oft langsamer als bei anderen Coins.

Derzeit befindet sich Cardano in einer Phase rasanter Entwicklung. Mit dem Alonzo Hard Fork wurde 2021 die Funktionalität von Smart Contracts hinzugefügt. Jetzt können Entwickler dezentrale Apps und Projekte auf Cardano starten. Schritt für Schritt soll die Plattform zu einem Konkurrenten für Ethereum werden.

Mit einer Marktkapitalisierung von rund 20 Milliarden US-Dollar (Stand 2022) ist Cardano zwar noch nicht in der Spitzengruppe, hat aber großes Wachstumspotenzial. Die solide technische Basis und der wissenschaftliche Ansatz könnten sich langfristig auszahlen.

i)Polkadot

Polkadot ist ein sehr ambitioniertes heterogenes Multichain-Netzwerk, das 2020 von der Schweizer Firma Parity Technologies ins Leben gerufen wurde. Es ermöglicht die nahtlose Verbindung verschiedener Blockchains und zielt damit darauf ab, das "Internet der Blockchains" zu schaffen.

Ein zentrales Element sind die sogenannten Parachains. Dabei handelt es sich um unabhängige Blockchains, die parallel zur Relaiskette von Polkadot existieren und miteinander kommunizieren können. So können Transaktionen und Daten nahtlos ausgetauscht werden.

Polkadot zielt darauf ab, viele der Schwächen und Einschränkungen einzelner Blockchains zu überwinden, indem parallele Blockchains ermöglicht werden. Dies soll Skalierbarkeit, Interoperabilität und Upgrades für alle Beteiligten erleichtern. Das Ökosystem von Polkadot wächst ständig und hat ein großes disruptives Potenzial.

Die Marktkapitalisierung liegt derzeit bei rund 7 Milliarden US-Dollar (Stand 2022). Polkadot hat gute Chancen, als Bindeglied zwischen verschiedenen Blockchains eine Schlüsselrolle zu spielen. Es gibt jedoch auch Konkurrenz durch andere Multichain-Ansätze wie Cosmos. Hier kristallisiert sich die Führung noch heraus.

j) Dogecoin

Dogecoin gilt als der bekannteste Meme-Coin (eine Internetwährung, die auf einem Internet-Meme basiert). Dogecoin wurde 2013 als Satire und Parodie auf den Krypto-Hype ins Leben gerufen und entwickelte sich schnell zu einer der beliebtesten Kryptowährungen mit einer lebendigen Community.

Der Hype wurde vor allem von der freundlichen Doge-Community und Prominenten wie Elon Musk angetrieben. Technisch gesehen ist Dogecoin einfach gehalten. Es handelt sich um einen Bitcoin-Fork mit Proof-of-Work-Mining auf Basis von Scrypt. Im Gegensatz zu Bitcoin ist Dogecoin jedoch inflationär konzipiert, wobei jedes Jahr neue Coins hinzukommen.

Mit dem freundlichen Doge-Logo hat Dogecoin es geschafft, Menschen zu inspirieren, die weit von Krypto für Kryptowährungen entfernt sind. Zeitweise explodierte der Preis und erreichte eine Marktkapitalisierung von über 80 Milliarden US-Dollar. Inzwischen hat sich die Euphorie gelegt, aber Dogecoin bleibt ein fester Bestandteil der Kryptolandschaft.

Viele stehen dem Hype jedoch kritisch gegenüber und verweisen auf die mangelnde Substanz hinter Dogecoin. Im Vergleich zu Bitcoin oder Ethereum bietet der Coin nicht wirklich neue technische Features. Nichtsdestotrotz zeigt Dogecoin eindrucksvoll, wie stark Memes und Hypes im Krypto-Raum sein können.

k) Shiba Inu

Shiba Inu schlägt eine ähnliche Kerbe wie Dogecoin. Die Münze mit dem Namen und Logo der beliebten Hunderasse wurde 2020 kreiert und nutzte geschickt den Social-Media-Buzz, um die Bekanntheit zu steigern. Zeitweise war Shiba Inu einer der größten Meme-Coins hinter Dogecoin.

Auch Shiba Inu setzt mehr auf den viralen Marketingeffekt als auf technische Innovationen. Die Entwickler versuchen jedoch, zusätzliche Produkte wie den eigenen DEX ShibaSwap einzubringen, um mehr Substanz zu schaffen. Ob Shiba Inu nach dem Hype mehr als nur ein PR-Stunt ist, bleibt abzuwarten.

Ergebnis

Diese Übersicht zeigt: Neben Bitcoin gibt es mittlerweile eine Vielzahl weiterer Kryptowährungen mit unterschiedlichen Schwerpunkten. Bei vielen handelt es sich um technische Fortschritte, die sich beispielsweise mehr auf Dezentralisierung, Datenschutz oder Geschwindigkeit konzentrieren.

Auch das Konzept der multifunktionalen Blockchains für Smart Contracts bekommt starke Konkurrenz durch Ethereum, Cardano und Co. Nischenanwendungen wie private Transaktionen werden von Coins wie Monero abgedeckt. Und ganz neue Ansätze in Bereichen wie Interoperabilität (Polkadot) oder Memes (Dogecoin) kommen hinzu.

Trotz dieser Vielfalt bleibt Bitcoin die Nummer 1 als ursprüngliche Kryptowährung und digitales Gold. Doch Investoren sollten neben Bitcoin noch andere vielversprechende Krypto-Projekte auf dem Schirm haben. Ein breit diversifiziertes Investment in die innovativsten Blockchain-Technologien scheint am erfolgversprechendsten zu sein.

8.3.2 Spekulation mit Altcoins:

Handel und Unterschied zu Bitcoin

Wie sich herausstellte, gibt es auf dem Krypto Markt eine Vielzahl von Alternativen zu Bitcoin. Doch wie unterscheidet sich die Spekulation mit diesen Altcoins von Bitcoin? Betrachten wir einige Besonderheiten.

Ethereum

Die Spekulation mit Ethereum ist der mit Bitcoin sehr ähnlich. Beide Coins haben eine ähnliche zyklische Preishistorie mit starken Anstiegen und Rückschlägen. Ethereum kann auch verwendet werden, um mit Trendfolge und Swingtrading Gewinne zu erzielen.

Ethereum ist jedoch noch volatiler als Bitcoin. Die enormen Preissprünge und Rückschläge sind teilweise extremer. Darüber hinaus kann die komplexe Smart-Contract-Plattform zu Unsicherheiten führen, was die Volatilität weiter erhöht. Für Spekulanten kann Ethereum profitabler sein, erfordert aber auch mehr Nerven.

Litecoin

Litecoin verfolgt seit langem die wichtigsten Trends von Bitcoin in seiner Geschichte. Da es technisch sehr ähnlich funktioniert, bewegte sich der Preis oft parallel zu Bitcoin. Ähnliche Gelegenheiten ergaben sich für Händler.

Litecoin hat sich jedoch in letzter Zeit abgeschwächt und erholt sich nicht so gut von den Tiefstständen. Viele sehen die Spekulationsmöglichkeiten für die alte Münze zunehmend eingeschränkt an. Andere Altcoins scheinen vielversprechender zu sein.

Monero

Die Spekulation beim Privacy Coin Monero unterscheidet sich etwas von Bitcoin, da die Community und Zielgruppe eine andere sind. Der Preis folgt seinem eigenen Rhythmus, der nicht immer mit Bitcoin korreliert.

Für Händler gibt es Möglichkeiten, diese Dekorrelation zwischen Monero- und Bitcoin-Preisen für Arbitrage-Trades zu nutzen. Eine erhöhte Volatilität birgt auch Chancen. Aufgrund der Anonymität gibt es auch Risiken in Bezug auf Kriminalität. Insgesamt ist Monero als Nischenmünze riskanter.

Cardano

Cardano bietet interessante Spekulationsmöglichkeiten mit Zukunftspotential. Rückschläge gibt es aber immer wieder, wenn die hohen Erwartungen enttäuscht werden.

Für Trader sind der zyklische Hype und die Kurssteigerungen interessant, um mit Kursgewinnen zu spekulieren. Aufgrund seiner akademischen Ausrichtung erfordert der Coin aber auch viel Recherche, um Chancen gut einschätzen zu können. Informationen aus der Krypto-Forschung sollten hier enthalten sein.

Polkadot

Polkadot ist als recht junge Plattform ein interessantes Spekulationsobjekt. Allerdings ist das Projekt auch komplex, so dass sich eine Investition nur dann empfiehlt, wenn man sich eingehend mit der Materie auseinandersetzt. Auch Polkadot ist nach wie vor anfällig für extreme Kursschwankungen und Hypes, was gute Gewinnchancen, aber auch große Risiken birgt. Für Trader mit einer Vorliebe für neue Trends kann Polkadot interessant sein, erfordert aber mehr Recherche als ältere Coins.

Dogecoin

Dogecoin eignet sich besonders für kurzfristige Spekulationen auf Social-Media-getriebene Hypes. Fundamental und technologisch ist der Coin nicht überzeugend, aber die Community sorgt für virale Momente auf dem Markt.

BITCOIN ERFOLG Ein Guide für Krypto-Fans

Enorme Preisbewegungen sind keine Seltenheit. Aber auch Totalverluste sind möglich, wenn der Hype plötzlich vorbei ist. Insgesamt ist Doge riskant und kaum vorhersehbar. Nur für sehr risikofreudige Spieler.

Shiba Inu

Ähnlich wie Dogecoin unterliegt Shiba Inu einem extremen Hype und viralen Effekten, die von der Community vorangetrieben werden. Dies ermöglicht schnelle Gewinne durch Spekulation zum richtigen Zeitpunkt. Die Preise sind jedoch meist rein spekulativ und kaum an die tatsächlichen Fundamentaldaten gekoppelt. Shiba Inu ist sehr riskant.

Tether

Mit Tether ist weniger Spekulation möglich als mit anderen Coins. Als Stablecoin soll der Preis stabil bei 1 USD gehalten werden. Allerdings gibt es auch hier leichte Abweichungen, die für Arbitrage zwischen Börsen genutzt werden können.

Ansonsten ist USDT selbst kein spekulativer Vermögenswert, sondern wird als USD-Ersatz für den Handel mit anderen Kryptos verwendet. Die große Gefahr ist eine mögliche Abkopplung von der Dollarbindung, die den gesamten Markt zum Absturz bringen könnte.

Binance Coin

Binance Coin kann für Spekulationen interessant sein, da der Coin oft besonders starke Kursgewinne verzeichnet, wenn neue Projekte auf Binance gelistet werden.

Allerdings besteht auch eine große Abhängigkeit von der Entwicklung der dazugehörigen Börse Binance. Sollte dies jemals in Schwierigkeiten geraten, drohen auch für BNB hohe Verluste. Trotzdem ist BNB eine der spekulativeren Coins mit Chancen auf hohe Renditen.

Terra

Die Spekulationen über Terra waren lange Zeit vielversprechend, brachen dann aber dramatisch zusammen. Der Zusammenbruch von TerraUSD hat den LUNA-Preis massiv nach unten gezogen.

Für Trader gibt es Chancen in der Volatilität. Das Vertrauen in die Technologie hat jedoch schweren Schaden genommen. Terra bleibt eine riskante Münze, auf die man spekulieren kann, aber sie kann auch Totalverluste erleiden. Vorsicht ist geboten.

Ripple

Für Trader ist ripple einer der volatileren großen Altcoins mit manchmal extremen Preisbewegungen. Allerdings ist die Korrelation zum Rest des Marktes oft gering, da Ripple wirklich eine Sonderrolle spielt.

Auch regulatorische Risiken wie die SEC-Klage erschüttern Ripple immer wieder. Für Trader ergeben sich Chancen, aber auch das Risiko großer Verluste. Ripple bleibt einer der spekulativeren Top-Altcoins.

Fazit:

Marktkapitalisierung und Liquidität:

Viele Altcoins haben eine deutlich geringere Marktkapitalisierung als Bitcoin. Dies kann zu schnelleren Kursbewegungen führen, da bereits kleinere Handelsvolumina einen erheblichen Einfluss auf den Preis haben können. Gleichzeitig kann eine geringere Liquidität den Ein- und Ausstieg aus Positionen erschweren, insbesondere bei weniger bekannten oder neuen Altcoins.

Technologische Entwicklungen:

Altcoins bieten oft neue Technologien oder Konzepte, die Bitcoin nicht hat. Dies kann von verbesserten Konsensmechanismen über umweltfreundlichere Abbaumethoden bis hin zu völlig neuen Anwendungsfällen reichen. Für Spekulanten kann dies bedeuten, auf das nächste "große Ding" in der Krypto Welt zu wetten, aber es erfordert auch eine gründliche Recherche und ein Verständnis der vorliegenden Technologie.

Regulatorische Überlegungen:

Einige Altcoins könnten stärker von regulatorischen Entscheidungen betroffen sein als Bitcoin. So könnten beispielsweise Token, die als Wertpapiere eingestuft werden, strengeren Vorschriften unterliegen. Dies kann sich auf die Preisentwicklung und die Gesamtakzeptanz des Altcoins auswirken.

Gemeinschafts- und Entwicklungstätigkeit:

Die Stärke und Aktivität einer Krypto-Community kann ein Indikator für die Gesundheit und das Potenzial eines Altcoins sein. Projekte mit aktiven Entwickler-Communities und engagierten Nutzern haben mit größerer Wahrscheinlichkeit langfristigen Erfolg. Spekulanten sollten daher Foren, soziale Medien und Entwicklungsplattformen wie GitHub im Auge behalten.

Fazit:

Das Spekulieren mit Altcoins kann sowohl lukrativ als auch riskant sein. Das Potenzial für hohe Renditen ist zwar vorhanden, aber die Risiken sind oft größer als bei Bitcoin.

BITCOIN ERFOLG Ein Guide für Krypto-Fans

Gründliche Recherchen, ein Verständnis der zugrunde liegenden Technologien und eine ständige Beobachtung der Markttrends sind unerlässlich. Wie bei jeder Investition sollten Sie nur das setzen, was Sie bereit sind zu verlieren.

Zusammenfassend lässt sich sagen, dass die Spekulation mit Altcoins oft volatiler und riskanter ist als mit dem vergleichsweisen stabilen Bitcoin. Die Betrachtung der einzelnen Münzen zeigt aber auch, dass sich je nach Münz- und Marktsituation interessante Möglichkeiten ergeben können.Für Händler geht es darum, nicht blind der Volatilität und kurzfristigen Trends zu folgen, sondern die technologischen und wirtschaftlichen Grundlagen der Coins zu verstehen. Nur so kann langfristig erfolgreich spekuliert werden.

8.3.3 Die Rolle von Stablecoins

Handel und Unterschied zu Bitcoin

Stablecoins sind eine spezielle Klasse von Kryptowährungen, die im Gegensatz zu den meisten anderen Coins nicht auf Wertsteigerung ausgelegt sind, sondern einen stabilen Preis gegenüber dem Dollar oder anderen Vermögenswerten haben sollen. Bei Stablecoins versuchen die Emittenten, den Preis so konstant wie möglich zu halten, in der Regel um 1 $.

BITCOIN ERFOLG Ein Guide für Krypto-Fans

Dafür gibt es mehrere Mechanismen: Asset-Backed-Stablecoins wie **Tether (USDT),** eines der bekanntesten Beispiele, sind (angeblich) durch echte Dollarreserven gedeckt. Tether ist mit einer Marktkapitalisierung von über 65 Milliarden US-Dollar der mit Abstand größte Stablecoin. Es wird gesagt, dass es durch einen USD-Reservefonds gedeckt ist, um die 1:1-Bindung an den Dollar aufrechtzuerhalten. Es ist jedoch die Rede von Zweifeln an dieser Abdeckung. Diese 1:1 Bindung wird durch eine Reihe von Mechanismen aufrechterhalten, wie z. B. die Hinterlegung von Reserven bei einer Zentralbank oder die Ausgabe von Token, die gegen den Vermögenswert eingelöst werden können.

Es gibt eine Reihe von Gründen, warum eine Kryptowährung mit einem Vermögenswert verknüpft sein könnte. Ein Grund dafür ist die Erhöhung der Preisstabilität. Wenn der Wert einer Kryptowährung an den Wert einer stabilen Währung gekoppelt ist, ist es weniger wahrscheinlich, dass er stark schwankt. Dies kann für Händler und Investoren, die nach einer weniger riskanten Investition suchen, attraktiver sein.

Ein weiterer Grund ist die Erhöhung der Liquidität. Wenn eine Kryptowährung an einen Vermögenswert gekoppelt ist, der leicht gehandelt werden kann, ist es auch möglich, die Kryptowährung einfach zu handeln. Dies kann für Händler und Investoren attraktiver sein, die nach einer Investition suchen, die leicht in andere Vermögenswerte umgewandelt werden kann.

Schließlich kann eine Kryptowährung an einen Vermögenswert gekoppelt werden, um die Akzeptanz zu erhöhen. Wenn der Wert einer Kryptowährung an den Wert eines stabilen Vermögenswerts gebunden ist, ist es für Unternehmen und Einzelpersonen weniger riskant, sie zu akzeptieren. Dies kann für die Kryptowährung als Ganzes attraktiver sein, da sie von einer größeren Anzahl von Menschen verwendet werden kann.

Ein weiteres Beispiel ist **USD Coin (USDC)**, das von Circle und Coinbase ausgegeben wird. Im Falle von USDC erfolgt die Preisbindung auch durch hinterlegte Dollarreserven. Der Coin gilt als etwas vertrauenswürdiger als der umstrittene Tether.

Der DAI von MakerDAO ist ein sogenannter überbesicherter Stablecoin. Es verwendet keine Fiat-Reserven, sondern bindet den Preis durch Überbesicherung in Kryptowährungen wie Ether. Nutzer müssen mehr als 100 % des Nennwerts in anderen Vermögenswerten bei DAI hinterlegen.

Algorithmische Stablecoins wie TerraUSD verfolgen einen völlig anderen Ansatz. Hier soll ein komplexer Algorithmus für Preisstabilität gegenüber dem Dollar sorgen. Sie schafft Anreize für den Arbitragehandel bei Abweichungen von der Bindung, um den Preis wieder auf den Zielwert zu bringen.

Algorithmische Stablecoins wie TerraUSD verwenden einen Algorithmus, um die Preise durch Arbitrage zu stabilisieren.

Überbesicherte Stablecoins wie DAI hinterlegen mehr als 100 % des Wertes in Krypto-Sicherheiten.

Im besten Fall schwankt der Kurs von Stablecoins nur minimal um den Zielwert, in der Regel 1 USD. Sie sollen als "stabiles" Zahlungsmittel und Wertaufbewahrungsmittel dienen, im Gegensatz zur Volatilität von Bitcoin & Co.

Es zeigt sich aber auch, dass noch kein Stablecoin dieses Ideal der perfekten Preisstabilität erreicht hat. Es kommt immer wieder zu teils erheblichen Abweichungen von der Bindung, wie aktuell beim Crash von TerraUSD zu sehen ist. Nichtsdestotrotz sind die meisten Stablecoins zumindest für eine begrenzte Zeit stabil.

Unterschiede zwischen Spekulation und Bitcoin

Für Trader spielen Stablecoins in erster Linie eine Rolle als stabile Vermittler und Parkpositionen zwischen dem Handel verschiedener Kryptowährungen. Sie können Stablecoins zwischen Bitcoin, Ethereum & Co. hin- und her tauschen, ohne jedes Mal den Umweg über eine klassische Fiat-Währung gehen zu müssen.

Da der Preis von Stablecoins möglichst konstant gehalten werden soll, ist das direkte Spekulations- und Gewinnpotenzial begrenzt. Natürlich gibt es kleinere Schwankungen oder noch größere Abweichungen von der Bindung, die für den Arbitrage-Handel genutzt werden können.

Aber die eigentliche Spekulation findet dann mit den gehandelten Kryptos wie Bitcoin statt. Stablecoins werden eher für den reibungslosen Transfer zwischen verschiedenen volatilen Vermögenswerten verwendet, nicht selbst als Spekulationsobjekt.

Gerade bei den riskanteren algorithmischen Stablecoins besteht jedoch auch die Gefahr eines Kollapses. Eine "Todesspirale" wie TerraUSD kann enorme Verluste bedeuten. Bei aller Stabilität bergen Stablecoins also auch große Risiken.

Im Gegensatz zu Bitcoin & Co. sollten Stablecoins niemals als langfristige Investition gekauft und gehalten werden. Sie werden nur für den schnellen und stabilen Transfer zwischen Kryptowährungen und zum Ausgleich der Volatilität dieser Vermögenswerte verwendet. Für echte Spekulationen und Gewinne müssen Sie auf reguläre Kryptowährungen setzen.

Kapitel 9

Abschließendes

Ethik und Verantwortung

Die Bitcoin-Spekulation hat in den letzten Jahren eine bemerkenswerte Reise hinter sich. Von einem obskuren, technologieorientierten Projekt zu einem globalen Phänomen, das die Finanzwelt im Sturm erobert hat. Doch wie sieht die Zukunft für Bitcoin und seine Spekulanten aus? Werfen wir einen Blick in die Glaskugel.

1. Technologischer Fortschritt und seine Auswirkungen

Die Blockchain-Technologie, die Bitcoin zugrunde liegt, entwickelt sich ständig weiter. Mit dem Aufkommen des Lightning Network, das schnellere und günstigere Transaktionen ermöglicht, könnte Bitcoin als Zahlungsmittel noch attraktiver werden. Dies könnte zu einer erhöhten Akzeptanz in der Bevölkerung führen und den Preis weiter in die Höhe treiben.

BITCOIN ERFOLG Ein Guide für Krypto-Fans

Darüber hinaus könnten Fortschritte in der Quantencomputertechnologie möglicherweise die Sicherheit von Bitcoin bedrohen. Aber so wie Bedrohungen auftauchen, entwickelt sich die Technologie weiter, um ihnen entgegenzuwirken. Es ist ein ständiges Katz-und-Maus-Spiel, und die Community hinter Bitcoin ist dafür bekannt, innovativ und anpassungsfähig zu sein.

2. Regulatorische Entwicklungen

Die Regulierung sämtlicher Kryptowährungen ist ein heiß diskutiertes Thema. Einige Länder haben Bitcoin bereits als legitimes Zahlungsmittel anerkannt, während andere es verbieten. In den kommenden Jahren könnten wir mehr Regulierung und möglicherweise eine Standardisierung der Vorschriften auf globaler Ebene sehen.

Eine strengere Regulierung könnte einige Spekulanten abschrecken, aber auch mehr institutionelle Anleger anziehen, die aufgrund von Unsicherheit und Risiko gezögert haben. Dies wiederum könnte die Liquidität und Stabilität des Marktes erhöhen.

3. Wachsende Akzeptanz und Mainstream-Integration

BITCOIN ERFOLG Ein Guide für Krypto-Fans

Mit Unternehmen wie Tesla, die Bitcoin als Zahlungsmittel akzeptieren, und Finanzgiganten wie Fidelity, die Krypto-Anlageprodukte anbieten, ist Bitcoin auf dem besten Weg, zum Mainstream zu werden. Dieser Trend wird sich wahrscheinlich fortsetzen, da immer mehr Unternehmen und Einzelhändler Bitcoin akzeptieren und immer mehr Finanzprodukte rund um Bitcoin entwickelt werden.

4. Die Rolle von Bitcoin in der Weltwirtschaft

In Zeiten wirtschaftlicher Unsicherheit, wie sie durch die COVID-19-Pandemie verursacht wurden, haben viele Menschen Bitcoin als sicheren Hafen angesehen, ähnlich wie Gold. Wenn sich die globale Wirtschaftslandschaft weiterhin so schnell verändert, könnte Bitcoin eine immer wichtigere Rolle als Absicherung gegen wirtschaftliche Unsicherheit spielen.

5. Die Entwicklung des Spekulanten

BITCOIN ERFOLG Ein Guide für Krypto-Fans

Wenn der Bitcoin-Markt reift, wird auch der typische Bitcoin-Spekulant reifen. Frühe Spekulanten waren oft technisch versierte Personen, die sich von der Idee einer dezentralen Währung angezogen fühlten. Heute sind es sowohl Privatpersonen als auch institutionelle Anleger, und in Zukunft könnten es noch mehr institutionelle Akteure sein, die den Markt dominieren.

6. Konkurrenz durch andere Kryptowährungen

Während Bitcoin zweifellos der König der Kryptowährungen ist, gibt es Tausende von Altcoins, von denen einige versuchen, Bitcoin in verschiedenen Aspekten zu übertreffen.

Währungen wie Ethereum mit seiner Smart-Contract-Funktionalität oder Cardano, das sich durch sein wissenschaftsbasiertes Ansatzprofil auszeichnet, könnten in bestimmten Bereichen attraktiver werden als Bitcoin. Dies könnte die Dynamik der Spekulation verändern, da einige Investoren möglicherweise andere Coins gegenüber Bitcoin bevorzugen.

7. Die Unberechenbarkeit des Marktes

BITCOIN ERFOLG Ein Guide für Krypto-Fans

Eines ist sicher: Der Bitcoin-Markt wird weiterhin unberechenbar sein. Wir können zwar fundierte Vermutungen darüber anstellen, wohin wir uns bewegen, aber es gibt immer Faktoren, die niemand vorhersagen kann – sei es ein technologischer Durchbruch, geopolitische Ereignisse oder regulatorische Überraschungen.Die Zukunft der Bitcoin-Spekulation ist so spannend wie ihre Vergangenheit.

Mit technologischen Fortschritten, sich verändernden regulatorischen Landschaften und wachsender Akzeptanz steht Bitcoin an der Schwelle zu einem neuen Zeitalter. Für Spekulanten bedeutet dies sowohl Chancen als auch Risiken. Es ist wichtig, auf dem Laufenden zu bleiben, sich anzupassen und bereit zu sein, auf den Wellen des Wandels zu reiten. Die Reise von Bitcoin ist noch lange nicht zu Ende.

8. Die Rolle von Bitcoin in der Finanzinfrastruktur

BITCOIN ERFOLG Ein Guide für Krypto-Fans

Mit der Einführung von Bitcoin-Futures und -Optionen an traditionellen Börsen wie der Chicago Mercantile Exchange (CME) und der zunehmenden Integration von Bitcoin in traditionelle Finanzprodukte und -dienstleistungen wird Bitcoin zunehmend zu einem integralen Bestandteil der globalen Finanzinfrastruktur. Dies könnte die Volatilität von Bitcoin verringern und gleichzeitig seine Akzeptanz und Verwendung als "digitales Gold" oder als Absicherung gegen traditionelle Finanzsysteme erhöhen.

9. Die Umweltauswirkungen des Bitcoin-Minings

Ein wachsendes Problem in der Bitcoin-Community und darüber hinaus ist der Energieverbrauch des Bitcoin-Minings. Da der Proof-of-Work-Mechanismus, der Bitcoin antreibt, erhebliche Mengen an Strom verbraucht, gibt es Bedenken hinsichtlich seiner Umweltauswirkungen. Dies könnte zu regulatorischen Eingriffen oder einer Verlagerung hin zu umweltfreundlicheren Konsensmechanismen führen.

10. Die Rolle der digitalen Zentralbankwährungen (CBDCs)

Da viele Länder die Einführung von CBDCs in Betracht ziehen oder bereits mit der Entwicklung beginnen, könnte sich die Landschaft der digitalen Währungen in den kommenden Jahren erheblich verändern. Während einige glauben, dass CBDCs Bitcoin und andere Kryptowährungen ergänzen könnten, sehen andere sie als potenzielle Konkurrenten, die die Dominanz von Bitcoin herausfordern könnten.

11. Bildung und Aufklärung

Da Bitcoin und Kryptowährungen immer beliebter werden, wird die Aufklärung über diese Themen immer wichtiger. Dies wird nicht nur dazu beitragen, mehr Menschen in den Krypto-Raum zu bringen, sondern auch dazu beitragen, Missverständnisse und Fehlinformationen zu reduzieren, die oft zu unüberlegten Investitionsentscheidungen führen können.

12. Die sozialen und kulturellen Auswirkungen von Bitcoin

Bitcoin ist nicht nur eine Währung oder eine Investition. Es ist auch ein kulturelles Phänomen. Die Ideen der Dezentralisierung, der finanziellen Souveränität und des Widerstands gegen traditionelle Finanzinstitute haben eine Bewegung geschaffen, die weit über den bloßen finanziellen Wert von Bitcoin hinausgeht.

Es wird spannend zu beobachten sein, wie sich diese Bewegung in den kommenden Jahren entwickelt und wie sie sich auf die Gesellschaft auswirkt.

Die Zukunft der Bitcoin-Spekulation ist voller Chancen, aber auch voller Unsicherheiten. Für Spekulanten und Investoren bedeutet dies, wachsam zu bleiben, sich weiterzubilden und sich flexibel anzupassen.

13. Bitcoin als Wertaufbewahrungsmittel

Die ursprüngliche Vision von Bitcoin war es, ein dezentrales, unzensierbares Peer-to-Peer-Zahlungssystem zu sein. Aber im Laufe der Zeit hat sich Bitcoin immer mehr als Wertaufbewahrungsmittel etabliert. In Ländern mit wirtschaftlichen Turbulenzen und Hyperinflation suchen die Menschen nach sicheren Vermögenswerten, und Bitcoin hat sich als solche erwiesen. Es ist nicht schwer vorstellbar, dass Bitcoin in Zukunft als eine Art "digitales Gold" fungieren könnte, das Menschen in wirtschaftlich unsicheren Zeiten anzieht.

14. Integration in das traditionelle Finanzsystem

Mit der Einführung von Bitcoin-Futures, ETFs und anderen auf Bitcoin basierenden Finanzprodukten wird Bitcoin immer mehr in das traditionelle Finanzsystem integriert. Dies könnte die Liquidität erhöhen und Bitcoin für institutionelle Anleger attraktiver machen, was wiederum den Preis und die Akzeptanz von Bitcoin erhöhen könnte.

15. Bitcoin und dezentralisierte Finanzen (DeFi)

DeFi, oder dezentralisierte Finanzen, ist ein schnell wachsender Sektor im Krypto-Bereich, der traditionelle Finanzdienstleistungen wie Kredite, Versicherungen und Börsen ohne zentrale Vermittler anbietet. Bitcoin als größte und bekannteste Kryptowährung könnte eine Schlüsselrolle in der DeFi-Bewegung spielen, insbesondere wenn Lösungen entwickelt werden, die die Interoperabilität zwischen Bitcoin und anderen Blockchains ermöglichen.

16. Bitcoin als globales Abwicklungssystem

Einige glauben, dass Bitcoin in Zukunft als globales Abwicklungssystem für große Finanztransaktionen dienen könnte, ähnlich wie das heutige SWIFT-System. Mit seiner Sicherheit, Unveränderlichkeit und Dezentralisierung könnte Bitcoin eine effiziente und vertrauenswürdige Lösung für grenzüberschreitende Transaktionen bieten.

Ethik und Verantwortung der Bitcoin-Spekulation in der Zukunft

Bitcoin hat das Potenzial, die Machtstrukturen in der Weltwirtschaft zu verändern. Dies wirft ethische Fragen darüber auf, wie diese Macht genutzt wird und wer davon profitiert. Es liegt in der Verantwortung der Bitcoin-Community, dafür zu sorgen, dass Bitcoin zum Wohle aller und nicht nur für eine privilegierte Elite verwendet wird. Mit der Chance geht auch die Verantwortung einher. Wie kann man ethisch handeln? Und wie betritt man dieses neue Universum?

Verantwortungsvoller Umgang mit Kryptowährungen

Natürlich winkt die Chance auf hohe Gewinne. Aber man sollte nicht gierig und leichtsinnig an die Sache herangehen. Bitcoin und andere Kryptowährungen sind sehr volatil und bergen Risiken. Informieren Sie sich daher gut über die Projekte, deren Philosophie und Technik.

Investieren Sie nur Geldbeträge, deren Verlust Sie sich leisten können. Gehen Sie mit Vorsicht vor und investieren Sie nicht auf Kredit. Emotionen wie Gier und Angst sind dein Feind – behalte immer einen kühlen Kopf!

BITCOIN ERFOLG Ein Guide für Krypto-Fans

Vermeiden Sie zweifelhafte und betrügerische Angebote, die mit Phantomrenditen locken. Vertrauen Sie niemals blind, sondern hinterfragen Sie kritisch und informieren Sie sich. Leider gibt es schwarze Schafe, die sich die Krypto Welt zunutze machen. Seien Sie skeptisch gegenüber Versprechungen, die zu schön sind.

Nutzen Sie in erster Linie etablierte und seriöse Handelsplattformen und Börsen. Dadurch wird das Risiko eines Totalverlusts durch Betrug oder Hacking deutlich reduziert. Achten Sie auch auf eine gute Betreuung und Sicherheitsstandards.

Nachhaltigkeits- und Umweltaspekte

Vor allem das energieintensive Mining von Coins wie Bitcoin steht oft in der Kritik. Es gibt aber auch Fortschritte hin zu mehr Nachhaltigkeit, zum Beispiel durch die Nutzung überschüssiger erneuerbarer Energien. Suchen Sie nach Münzen, die auf umweltfreundlichere Konsensmechanismen setzen.

Auch als Händler können Sie etwas bewegen, indem Sie gezielt grüne und sozial verantwortliche Projekte unterstützen. Leisten Sie Ihren Beitrag zur klimafreundlichen Entwicklung dieser jungen Technologie. Die Zukunft liegt auch in Ihren Händen!
BITCOIN ERFOLG Ein Guide für Krypto-Fans

Corporate Social Responsibility

Denken Sie daran, dass hinter der digitalen Münze immer echte Menschen stehen. Handeln Sie stets mit Rücksicht, Mitgefühl und Weitsicht. Betrachten Sie Kryptowährungen nicht als bloßes Spekulationsobjekt, sondern als Chance für ein faires und integratives Finanzsystem.

Sie können mehr tun, als nur persönlichen Vorteil zu suchen. Spenden Sie einen Teil Ihres Gewinns für wohltätige Zwecke oder investieren Sie in sinnvolle Projekte. Seien Sie sich Ihrer Privilegien als Investor bewusst und teilen Sie Ihr Wissen.

Grundlagen vor dem Einstieg in die Bitcoin-Welt:

Sie möchten sofort mit dem Handel beginnen, wissen aber nicht, wie Sie anfangen sollen? Hier sind noch einmal einige grundsätzliche Tipps für eine gute Basis:

Kontinuierlich lernen

Lesen Sie Bücher, Artikel und Leitfäden, um ein solides Verständnis der Grundlagen zu erhalten. Ohne Wissen handeln Sie blind.

Fangen Sie klein an:

Investieren Sie am Anfang nur kleine Beträge für das Testen. Üben Sie mit Demokonten von Brokern und kleinen Live-Trades.

Wählen Sie einfache Coins:

Konzentrieren Sie sich auf große Coins wie Bitcoin, Ethereum und ein paar Altcoins. Komplexe Nischeninvestitionen bergen mehr Risiken.

Sich gedulden:

Erfolg stellt sich nicht über Nacht ein. Setzen Sie sich nicht zu hohe Ziele und seien Sie geduldig. Mit der Zeit werden Sie immer besser.

Seien Sie diszipliniert:

Halten Sie sich an Ihre Handelsregeln und "werden Sie nicht gierig."

Disziplin ist der Schlüssel zum langfristigen Erfolg.

Akzeptieren Sie Rückschläge:

BITCOIN ERFOLG Ein Guide für Krypto-Fans

Niemand gewinnt immer. Sehen Sie Verlust als Lernchance und wachsen Sie an der Erfahrung.

Sie können es schaffen!

Vielleicht fühlen Sie sich von der riesigen neuen Krypto Welt eingeschüchtert oder denken, dass dies nur etwas für Experten ist. Aber glauben Sie an sich! Jeder Profi hat klein angefangen.

Mit der richtigen Einstellung, dem richtigen Wissen und der richtigen Disziplin können auch Sie im Bitcoin-Handel erfolgreich sein. Man muss kein technisches Genie sein – die meisten Dinge lernt man Schritt für Schritt.

Probieren Sie es einfach aus! Fangen Sie klein an und arbeiten Sie sich nach oben. Niemand fängt als perfekter Trader an. Finden Sie Ihren Stil und entwickeln Sie sich weiter. Erfreuen Sie sich an kleinen Erfolgen. Mit der Zeit werden Sie immer selbstbewusster und besser.

BITCOIN ERFOLG Ein Guide für Krypto-Fans

Trauen Sie sich also und beginnen Sie Ihre aufregende Reise in die Bitcoin- und Krypto Welt! Sie werden viele Aha-Momente erleben und wachsen. Und wer weiß – vielleicht gehören Sie schon bald zu den Top-Tradern mit beeindruckenden Gewinnen! Sie haben die Möglichkeit. Also los geht's und bleiben Sie dran!

Sie haben die Grundvoraussetzungen – Sie müssen sie nur richtig einsetzen. Mit der richtigen Einstellung, etwas Ausdauer und Leidenschaft schafft man das. Worauf warten Sie also noch? Ihr aufregendes Bitcoin-Handelsabenteuer ruft!

Viel Glück!

Anhang

Glossar

Altcoin

Jede Kryptowährung, die nicht Bitcoin ist

Arbitrage

Kauf und Verkauf eines Vermögenswerts auf verschiedenen Märkten, um von Preisunterschieden zu profitieren

ASIC

Application-Specific Integrated Circuit. Ein speziell entwickelter Chip für Kryptowährung-Mining.

Bitcoin

Dezentrale Kryptowährung, die ohne eine Zentralbank oder einen einzigen Administrator erstellt und verwaltet wird.

Blockchain

Wachsende Liste von Datensätzen, die durch Kryptographie miteinander verbunden sind. Es handelt sich um eine dezentrale und verteilte digitale Ledger-Technologie.

Bollinger-Bänder

Technisches Analysetool, das Preis- und Volatilitätsbänder um einen gleitenden Durchschnitt zeigt.

Breakout-Strategie

Strategie, bei der Händler versuchen, Positionen einzunehmen, wenn der Preis über einen bestimmten Widerstand oder unter eine bestimmte Unterstützung bricht.

Buy and hold

Langfristige Investitionsstrategie, bei der Vermögenswerte über einen längeren Zeitraum gehalten werden.

Candlestick-Muster

Grafische Darstellungen von Preisbewegungen in einem bestimmten Zeitraum.

CFD (Contract for Difference)

Vertrag zwischen zwei Parteien, wo es um die Differenz zwischen dem Einstiegs- und dem Ausstiegspreis eines beliebigen Vermögenswerts geht.

CPU

Central Processing Unit. Hauptprozessor eines Computers.

Daytrading

Kauf und Verkauf von Vermögenswerten innerhalb eines einzigen Handelstages.

Ableitungen

Finanzinstrumente, deren Wert von einem anderen Vermögenswert abgeleitet wird.

Dezentralisiert

System, in dem keine zentrale Behörde oder Einzelperson die Kontrolle hat.

Diversifikation

Strategie zur Verringerung des Risikos durch Investitionen in eine Vielzahl von Vermögenswerten.

Dollar-Cost-Averaging

Investitionsstrategie, bei der regelmäßig feste Dollarbeträge in einen Vermögenswert investiert werden.

BITCOIN ERFOLG Ein Guide für Krypto-Fans

Fiat-Geld

Fiat ist keine Abkürzung. Auf Latein bedeutet so viel wie: „Es werde". Es bezieht sich auf Währungen, die nicht durch Güter wie Gold oder Silber, die einen eigenen Wert besitzen, gedeckt sind. Der Wert von Fiat-Geld fußt auf dem Vertrauen und der Autorität der ausgebenden Regierung.

Fibonacci-Retracement

Technisches Analysetool, das Preisrückzüge basierend auf den Fibonacci-Zahlen misst. Es geht darum, den Augenblick zu erkennen, an dem sich der Markt gegen den aktuellen Trend wendet.

Fundamentalanalyse

Bewertung einer Investition auf der Grundlage fundamentaler Faktoren wie Wirtschaft und Finanzen

Fundamentales Investieren

Investieren basierend auf der Analyse von wirtschaftlichen und finanziellen Daten.

GPU

Graphics Processing Unit. Ein spezialisierter elektronischer Schaltkreis, der zum schnellen Verarbeiten von Bildern verwendet wird und auch für das Mining von Kryptowährungen verwendet werden kann.

Halving

Ereignis, bei dem die Belohnung für das Mining neuer Blöcke halbiert wird, was zu einer Verringerung der Menge an neu geschaffenen Bitcoins pro Tag führt.

Hashrate

Geschwindigkeit, in der Mining Geräte Kryptowährung Transaktionen verarbeiten und neue Blöcke zur Blockchain hinzufügen.

Hedging

Strategie zur Verringerung oder Absicherung gegen potenzielle Verluste.

HODL

Falsche Schreibweise des Wortes "halten" bedeutet, Bitcoin oder eine andere Kryptowährung langfristig zu halten.

ICO

Initial Coin Offering, eine Art Crowdfunding mit Kryptowährungen.

KYC/AM

Know Your Customer/Anti-Money Laundering. Verfahren zur Überprüfung der Identität von Kunden und zur Vorbeugung gegen Geldwäsche.

Kryptowährung

Digitales oder virtuelles Zahlungsmittel, das zur Sicherheit kryptografische Verfahren verwendet. Es wird nicht von einer Regierung oder Zentralbank herausgebracht und wird dezentral über ein Peer-to-Peer Netzwerk verwaltet. Meist nur limitiert verfügbar, um Inflation und Spekulation einzudämmen.

Hebelwirkung

Verhältnis von Fremdkapital zu Eigenkapital bei einer Investition.

MACD (Konvergenz-Divergenz des gleitenden Durchschnitts)

Moving Average Convergence Divergence. Ein Trendfolge-Momentum-Indikator.

Margin

Darlehen, das ein Broker einem Anleger für den Kauf von Wertpapieren gewährt.

Das Metcalfesche Gesetz

Konzept, das besagt, dass die Bedeutung eines Netzwerks exponentiell mit der Anzahl seiner Nutzer steigt

Mining

Prozess der Ausgabe neuer Bitcoins und des Hinzufügens von Transaktionen zu einem Block.

Momentum-Handel

Strategie, bei der Händler versuchen, von der Beschleunigung des Preisbewegungs-Trends eines Vermögenswerts zu profitieren.

Gleitende Durchschnitte (MAs)

Durchschnittspreis über einen bestimmten Zeitraum.

Nonce-Werte

Wert, der im Kryptowährung-Mining verwendet wird und nur einmal verwendet werden kann

On-Chain-Analyse

Analyse von Transaktionsdaten direkt auf der Blockchain.

Optionen

Derivate, die dem Käufer die Wahl geben, einen Vermögenswert zu einem vereinbarten Preis zu kaufen oder zu verkaufen, aber nicht die Verpflichtung dazu.

Oszillatoren

BITCOIN ERFOLG Ein Guide für Krypto-Fans

Technische Indikatoren, die verwendet werden, um überkaufte oder überverkaufte Bedingungen auf einem Markt zu identifizieren.

Proof of work

Blockchain-Verfahren, bei dem Teilnehmer durch Rechenleistung Transaktionen validieren und neue Blöcke zur Blockchain hinzufügen.

Range-Handel

Strategie, bei der Händler versuchen, von Preisbewegungen innerhalb eines festgelegten Bereichs zu profitieren.

Relative-Stärke-Index (RSI)

Indikator, der misst, wie überkauft oder überverkauft ein Vermögenswert ist.

Satoshi Nakamoto

Pseudonym der Person oder Personengruppe, die Bitcoin entwickelt hat.

Scalping

Handelsstrategie, bei der versucht wird, kleine Preisunterschiede auszunutzen.

Leerverkäufe

Verkauf eines Vermögenswerts, den man nicht besitzt, in der Erwartung, ihn später zu einem niedrigeren Preis zurückzukaufen.

Smart Contract

Selbstausführender Vertrag, dessen Geschäftsbedingungen direkt in Codezeilen zwischen Käufer und Verkäufer geschrieben werden.

Social- und Mirror-Trading

Handelsstrategien, bei denen die Trades anderer Händler kopiert oder nachgeahmt werden.

Spread

Differenz zwischen Kauf- und Verkaufspreis

Stablecoins

Kryptowährungen, die an den Wert einer stabilen Vermögensklasse, wie z.B. den US-Dollar, gebunden sind.

BITCOIN ERFOLG Ein Guide für Krypto-Fans

Stop-Loss

Auftrag, einen Vermögenswert zu verkaufen, wenn er einen bestimmten Preis erreicht, um Verluste zu begrenzen

Supply-Chain-Management

Verwaltung und Überwachung von Lieferkettenaktivitäten zur Maximierung der Effizienz und Minimierung der Kosten.

Swaps

Finanzderivate, bei denen zwei Parteien den Cashflow oder die Verbindlichkeiten aus zwei verschiedenen Finanzinstrumenten austauschen.

Swingtrading

Strategie, bei der versucht wird, von Preisbewegungen über mehrere Tage oder Wochen zu profitieren.

Take-Profit-Aufträge

Auftrag, einen Vermögenswert zu verkaufen, wenn er einen bestimmten Preis erreicht, um Gewinne zu realisieren.

Technische Analyse

BITCOIN ERFOLG Ein Guide für Krypto-Fans

Vorhersage zukünftiger Preisbewegungen auf der Grundlage historischer Preisbewegungen und Handelsvolumina.

Technischer Handel

Handel basierend auf der Analyse von Preis- und Volumendiagrammen.

Termingeschäfte

Verträge zum Kauf oder Verkauf eines Vermögenswerts zu einem festgelegten Preis zu einem späteren Zeitpunkt.

Token

Digitaler Vermögenswert, der in einem ICO verkauft wird und häufig als Währung verwendet wird

Trendfolge

Strategie, bei der versucht wird, von der Richtung des Markttrends zu profitieren.

Value-Investing

Investitionsstrategie, bei der in Aktien investiert wird, die unter ihrem inneren Wert gehandelt werden.

Volatilität

Stark schwankende Preisbewegungen eines Wertpapiers oder einer Währung

Volumenhandel

Gesamtmenge eines Vermögenswerts, die innerhalb eines bestimmten Zeitraums gehandelt wird.

Wallet

Ein Wallet ist ein digitales Portemonnaie, in dem digitale Vermögenswerte wie Kryptowährungen, Token und digitale Geschenkkarten gespeichert werden können. Wallets können auf einem Computer, einem Mobilgerät oder in einem Hardware-Gerät gespeichert werden.

1.Auflage 2023

Ein Medienprojekt für:

Erich Wartenberg Consulting

Wirthstraße 17

95028 Hof

media@wartenbergconsulting.de

ISBN: 9798871954614
Coverdesign: Erich Wartenberg Consulting /
Copyright Zaenab via canva.com

BITCOIN ERFOLG Ein Guide für Krypto-Fans